地县供电企业科技项目
规范化管理实务指南

李颖毅　主　编
黄晓明　楼　平　副主编

中国电力出版社
CHINA ELECTRIC POWER PRESS

内 容 提 要

本书根据地县供电企业科技项目管理流程及管理特点，由科技项目概述、立项、实施、验收、科技成果管理、科技管理文档命名规范以及科技项目管理信息化等章节组成，系统介绍了科技项目管理中需要注意的关键点以及各阶段文档的编写要点。

本书可供地县供电企业科技管理工作人员学习阅读，也可供其他相关人员学习参考。

图书在版编目（CIP）数据

地县供电企业科技项目规范化管理实务指南 / 李颖毅主编 . —北京：中国电力出版社，2018.11

ISBN 978-7-5198-2615-4

Ⅰ．①地…　Ⅱ．①李…　Ⅲ．①供电—工业企业—科研项目—项目管理—中国—指南　Ⅳ．① F426.61-62

中国版本图书馆 CIP 数据核字（2018）第 256649 号

出版发行：中国电力出版社
地　　　址：北京市东城区北京站西街 19 号（邮政编码 100005）
网　　　址：http://www.cepp.sgcc.com.cn
责任编辑：刘丽平（010-63412342）
责任校对：黄　蓓　太兴华
装帧设计：赵丽媛　张俊霞
责任印制：石　雷

印　　刷：三河市百盛印装有限公司
版　　次：2018 年 11 月第一版
印　　次：2018 年 11 月北京第一次印刷
开　　本：710 毫米 ×1000 毫米　16 开本
印　　张：10
字　　数：157 千字
印　　数：0001—1000 册
定　　价：40.00 元

编　委　会

主　　编　李颖毅

副 主 编　黄晓明　楼　平

编写人员　徐国华　纪　涛　汤仁兆　何　锋

　　　　　　张　页　郑　城　赵　俊　汪卓俊

　　"科学技术是第一生产力"，随着坚强智能电网建设的推进，大量新技术、新材料、新工艺和新方法应用在供电企业的电网建设、生产运行和经营管理中，支撑了电网和企业的两个转变和两个发展。随着国家电网"三集五大"体系建设的开展，地县供电企业科技创新管理模式发生了一定的改变，如何继续坚持"科技兴企"的方针，在高度集约化管理的同时，通过精益化管理解决科技创新工作中存在的不足，不断提升地县供电企业和员工的创新能力，是目前亟待解决的问题。

　　国网湖州供电公司探索了构建覆盖各层级的科技创新网络，形成了层次清晰、定位科学、分工明确、产研协同、运转高效的科技创新体系框架。该科技创新体系组织架构以地县供电企业两级科技创新领导小组（科技创新工作办公室）为管理主体，以涵盖全部职能部门和直属单位的市县两级科技创新工作网络、科技攻关小组和劳模创新工作室（课题组）为实施主体，以包括高等院校、科研单位和产业单位的科技创新战略合作伙伴为外部支撑。

　　由于缺乏专项的学习和培训，科技管理人员在进行日常项目管理时主要根据以往的经验和平时向上级单位或兄弟单位了解的情况进行，操作过程缺乏系统性和完整性。特别是在目前科技管理人员变动频繁的情况下，管理人员对项目操作的程序和各项要求掌握不够，对规定、流程理解不深，业务能力亟待提高。在此背景下，编者根据地县供电企业科技项目流程及管理特点编写了《地县供电企业科技项目规范化管理实务指南》一书。本书由科技项目概述、立项、实施、验收、成果评价、成果报奖以及科技项目管理信息化等章节组成，系统地介绍了科技项目管理中需要注意的关键点以及各阶段文档的编写要点。

　　本书可作为地县供电企业从事科技管理工作人员的入门指导书，也可作为其他参与供电企业科技项目人员的参考书。在此，编者期望能与广大读者开展交流，共同学习提高，通过更优的管理理念帮助企业提升科技管理水平，支撑和保障电网安全生产和电力企业现代化经营管理。

由于编写人员水平有限，书中难免会存在错误与不足之处，恳请读者批评指正。

编　者

2018 年 10 月

1 科技项目管理概述

地县供电企业科技项目是指服务于地县供电企业和电网发展而组织实施的研究开发及应用项目，主要包括新产品、新技术、新材料、新工艺、新标准、决策支持技术的研究开发以及试验能力提升和新技术、科技成果推广应用等项目。其宗旨是解决企业发展、建设、生产、经营和管理中的重大科学技术问题，推动和促进供电企业技术水平和管理水平的提高以及经济效益的增长，为电网和供电企业科学发展奠定技术和装备基础。根据地县供电企业科技项目流程及管理特点，科技项目由立项、实施、验收、成果评价、成果报奖以及科技项目管理信息化等环节组成。本章将对科技项目管理流程、各角色职责以及相关管理规定进行概述。

1.1 地县供电企业科技项目类型

供电公司科技项目实行"统一组织、分级管理"，分为总部管理项目、省公司管理项目和各单位管理项目。

（1）总部管理项目是指省公司承担的总部实施统一管理的项目和由总部统一分摊的项目。

（2）省公司管理项目是指经省公司审核上报总部并经其审定、批准后，由省公司按总部批准预算统一安排的研究开发及应用项目。

（3）各单位管理项目是指经网省公司审批，由各单位组织实施的群众性科技创新项目。

省公司科技项目实行储备管理，设立公司科技项目储备库。

科技项目按照总部科技管理部门下发的科技项目管理办法执行。在国家和地方政府有关部门立项并由公司承担的科技项目，按相应的管理办法执行。

1.2　地县供电企业项目管理职责

1.2.1　地县供电企业科技管理部门

地县供电企业科技管理部门负责本单位科技项目的组织、管理、协调和实施工作，其主要职责是：

（1）组织本单位科技项目的申请、论证；

（2）负责本单位科技项目建议的编制和报送；

（3）按照上级科技管理部门下达的年度研究开发专项计划，组织本单位承担的科技项目的任务书签订、实施，配合上一级科技管理部门做好项目验收和后评估工作；

（4）组织地方政府有关部门科技项目的申请和实施，并报省公司备案；

（5）负责本单位管理项目的任务书签订、实施、验收和后评估工作。

1.2.2　地县供电企业业务管理部门

地县供电企业业务管理部门参与公司科技项目决策和过程管理，其主要职责是：

（1）提出本专业领域关键技术的研发需求和项目建议；

（2）负责牵头项目的组织实施和过程监管；

（3）负责本专业领域项目成果转化及新技术的推广应用；

（4）参与本专业相关领域项目的立项、验收、后评估等工作。

1.2.3　地县供电企业财务管理部门

地县供电企业财务管理部门负责公司研究开发费的管理，其主要职责是：

（1）落实上级下达的年度研究开发费分摊计划的费用；

（2）负责研究开发费的预算安排，监督指导研究开发费的使用、会计核算和纳税等财务管理工作；

（3）负责管理由研究开发费形成的固定资产和无形资产；

（4）参与项目的立项、验收、后评估等工作。

1.2.4　地县供电企业其他管理部门

地县供电企业综合计划管理部门负责公司年度研究开发专项计划安排与预算安排的综合平衡并下达计划，审计部门负责对科技项目进行审计签证和必要的专项审计，物资管理部门负责对科技项目中符合招标条件的部分进行招标管理，纪检监察部门负责科技项目的廉政反腐败监督检查工作。

1.2.5 科技项目承担单位

科技项目承担单位负责科技项目实施的组织工作，其主要职责是：

（1）负责项目计划和进度制定、实施、控制、收尾等的全过程管理，确保项目所需的人力、资金和物资等资源；

（2）严格执行科技项目任务书，确保预定目标的实现；

（3）按规定的内容和进度组织实施，接受科技项目管理部门的监控和检查。

1.2.6 科技项目负责人及联络人

科技项目负责人及联络人的主要职责是：

（1）负责制定项目研究计划和实施方案，把握技术方向和研究重点，按照任务书要求开展研究；

（2）负责对项目执行过程中发生的技术路线或主要研究内容调整、主要研究人员变动以及其他可能影响项目顺利完成的重大事项及时向科技管理部门报告，并履行报批程序；

（3）按要求定期向科技项目管理部门报告项目执行情况；

（4）及时对项目成果和知识产权进行申请、登记和保护；

（5）项目完成后，按要求提交附有项目财务决算、审计签证报告的项目验收申请；

（6）按照科研档案管理办法有关规定对项目资料按期归档。

1.2.7 上级科技管理部门

科技项目由上级科技管理部门归口管理、上级各业务管理部门协同推进。上级科技管理部门负责公司科技项目的组织、指导、协调工作。其主要职责是：

（1）组织公司科技项目的申请、论证和储备；

（2）制定公司年度研究开发专项计划和新技术推广应用计划；

（3）组织公司管理项目的任务书签订、实施、验收和后评估；

（4）监督、指导各单位科技项目管理工作；

（5）负责向国家和地方政府申请研究开发项目并组织实施；

（6）参与总部分摊科技项目的合同签订、实施和验收等工作；

(7) 相关单位受总部科技管理部门委托，对省公司科技项目全过程管理提供咨询服务，协助科技管理部门进行科技项目的立项、实施、验收、后评估的日常管理。

1.3 科技项目管理流程介绍

科技项目全过程管理工作包括立项、实施、验收到成果管理的全部过程。

1.3.1 项目立项阶段

科技管理部门根据公司发展战略和科技发展规划，结合发展、建设、生产、经营和管理的要求，组织立项申报。公司科技项目立项包括申请、评审、储备、报批四个基本程序。

地县科技管理部门主要负责项目申请阶段的工作，具体包括科技项目可行性研究报告的审核与上报、科技项目估算编制审核与上报、科技项目可研经费估算表审核与上报、科技项目储备预审意见审核与上报、项目可研汇报有声幻灯片的审核与上报，以及科技项目计划简表的填写与上报等工作。科技项目立项要求按照科技项目管理办法进行，以公司的发展重点为重点，不得与公司发展战略、国家法规相违背。重点应明确项目的意义、研究内容、预期目标、成果形式和经费预算等。

1.3.2 项目实施阶段

科技管理部门依据研究开发专项计划，组织签订科技项目任务书或审查项目实施方案。项目承担单位依据签订的任务书或实施方案组织项目实施，提供项目实施的必要条件，保证人员和设备投入。项目所涉及的物资采购按有关物资招标采购管理办法执行，涉及技术服务采购的按照相关服务采购管理要求执行。项目承担单位应按照项目计划和里程碑进度要求，编制项目执行情况、经费使用情况和项目研究进展等有关信息，并按季度上报科技项目执行情况。科技管理部门应定期组织科技项目中间检查，及时发布检查结果，对存在的问题监督整改。

地县科技管理部门主要负责科技项目任务书的审核与签订、项目实施方案的审核与审查、项目物资和服务采购相关资料的审核与上报、项目外委合同签订等。实施阶段要求科技管理部门依照上述形成的文件，根据有关科技项目管理规定，及时了解项目的组织实施情况，并进行监督和检查，向项目下达部门和项目承担单位等及时沟通有关情况，协调、解决项目实施过程中出现的有关问题，以保证项目的顺利实施。

1.3.3　项目验收阶段

在项目完工后，项目负责人向本单位科技管理部门汇报项目完成情况。按任务书或实施方案的要求，项目承担单位应在项目完成后及时向科技管理部门提出验收申请或结题申请。超过项目规定验收时间三个月仍不具备验收条件的项目，需提出延期验收申请。项目验收可视具体情况，采取现场考察、书面评议、网络评审、会议验收、委托中介机构评估等方式进行，一般以会议验收为主。项目验收以任务书或实施方案为依据，对项目完成情况进行总结和评价，并形成项目验收意见。项目验收结论分为通过验收、同意结题、重新审议和不通过验收四种。在履行项目验收后，项目承担单位按科研档案管理相关办法进行归档。

地县科技管理部门在科技项目验收阶段主要负责完成全套科技项目验收文档的汇总和审查工作，包括形式审查汇总表、验收申请表、工作报告、技术报告、测试报告、用户使用报告、经济和社会效益分析报告、经费决算报告、项目完成情况汇总表、项目验收报告（草稿）、项目总结报告幻灯片等。在项目验收材料准备完毕并经自验收通过后，请示上级项目管理部门组织验收。科技项目验收阶段要求项目承担单位组织有关结题验收事宜，并及时向科技项目管理部门请示，根据科技项目下达方的有关规定和要求，组织、协调项目结题验收工作。

科技项目归档资料主要包括：①项目实施阶段：审批文件、任务书、合同书、重要的会议记录和来往文函，项目（课题）实施方案。科研实验的主要原始记录、源程序、设计文件、图纸和技术工艺、基础资料、计算材料、阶段研究实验报告。②验收阶段：项目（课题）工作报告、技术报告、论文和专著、测试报告、审计报告、项目（课题）经费决算、验收报告、经济和社会效益证明、专利文件。③与各阶段有关的文件：专业会议文件、样品目录、照片、声像材料等。科技项目结项阶段要求档案归档材料全面真实及时。

1.3.4 项目成果管理

科技成果管理是科研管理工作的重要组成部分，包括科技成果评价、成果登记、成果奖励、成果推广和转化等，其中评价是基础，奖励是中心，成果推广与转化是目的。

1. 科技成果评价

科技成果评价是指具备资质的评价机构聘请同行专家，按照规定的形式和程序，对科技成果技术水平进行鉴定（评审），并做出相应的结论。

地县科技管理部门根据本单位科技项目验收结果以及基建、大修、技改等方面形成的科技成果，针对科技含量高、创新性强、推广意义大的项目，依据查新报告等资料向鉴定（评审）机构推荐鉴定（评审）的项目，鉴定（评审）机构明确鉴定（评审）项目后，通知项目组按要求准备鉴定资料。

科技成果评价相关文档的汇总和审查工作，包括科技成果鉴定（评审）申请书、工作报告、技术报告、测试报告、用户使用报告、经济和社会效益分析报告、成果鉴定证书、查新报告、鉴定（评审）资料形式审查汇总表以及项目工作报告和技术报告幻灯片等。地县科技管理部门组织项目鉴定（评审）内部形式审查及修改汇总各项目鉴定（评审）资料后，返回各项目组在规定时间内修改。项目组修改好资料提交科技管理部门。地县科技管理部门汇总各项目鉴定（评审）资料并经形式审查通过后报科技成果鉴定（评审）机构，由科技成果鉴定（评审）机构组织鉴定会议，出具鉴定（评审）证书。

2. 科技成果奖励

成果奖励是指科技管理部门按照一定的评审程序和规则对推荐的项目就其特点、科技创新水平、技术复杂程度、应用后所产生的经济或社会效益、对推动科技进步的作用和意义进行综合评定，最终给出成果的奖励等级，并予以表彰。

国家设立了各类、各级别的科技奖励，包括地方政府组织的科技奖和行业科技奖，如国家自然科学奖、国家技术发明奖、国家科学技术进步奖、各省市科学技术奖等。

公司系统相应的奖励包括中国电力科学技术奖、国家电网公司科学技术进步奖、国家电网公司专利奖、各省市电力科学技术奖、省级电力公司科学技术进步奖、省级电力公司专利奖、省级电力公司县级供电企业科技成果奖、地市级供电企业科技成果奖、地市级供电企业设立的县级供电企业科技成果奖以及科技创新奖等。

地县科技管理部门根据本单位科技项目验收及成果评价结果择优按照相应的奖励管理办法向上级科技管理部门推荐各类报奖资料。各级管理部门需对报奖材料进行严格的审查，保证资料的完整性和先进性。

2 科技项目立项管理

科技项目立项及评审遵循以"规划指导计划，计划落实项目"的原则，根据本企业发展战略和科技发展规划，结合电网生产、建设和公司经营发展的要求，按照"成熟一批、论证一批、储备一批"的思路建立公司科技项目储备库。未列入规划的内容，原则上不予立项。科技项目实行"统一组织、分级管理"，分为总部管理项目、省公司管理项目和各单位管理项目。

2.1 科技项目立项管理的主要内容及流程

2.1.1 科技项目立项管理的主要内容

科技项目立项管理的主要内容包括项目申请、项目评审、项目储备、项目批准、年度计划编制与下达等方面，如图 2-1 所示。

项目申请 → 项目评审 → 项目储备 → 项目批准 → 年度计划编制与下达

图 2-1 科技项目立项管理主要内容

1. 项目申请

立项申请应按照管理权限，遵循逐级申请的原则进行。公司科技项目的申请者应当在相关研究领域和专业具有一定的学术地位和技术优势，具有完成项目必备的人才条件和基础设施，具有与项目相关的研究经历和研究积累，具有完成项目所需的组织管理和协调能力，具有完成项目的良好信誉，项目主要负责人应由在职人员担任，年龄一般不超过 58 周岁。

项目申请单位应填报相应申请材料，并上报本单位科技管理部门。县级供电企业科技管理部门对申请材料审核后上报地市级供电企业科技管理部门。地市级供电企业科技管理部门组织对项目申请材料进行审查、可研论证。通过地市级供电企业可研论证的项目，由项目申请单位修编"科技项目可行性研究报告"及项目经费预算等资料。地市级供电企业科技管理部门对项目可研报告和经费预算等材料进行审核后，纳入本单位科技项目储备库。地市级供电企业科技管理部门从本单位科技项目储备库中选取，经审定后形成储备建议，上报省公司级科技管理部门。省公司级科技管理部门汇总由省公司项目申请部门和地市级供电企业科技管理部门提交的申请材料，并准备项目评审。

上级科技管理部门如采用其他项目申报方式，比如项目需求申报、项目指南申报等方式，由地县科技管理部门按要求组织开展相关工作。

2．项目评审

科技项目评审分为预审、专家评审及审核三个阶段。

省公司级科技管理部门对汇总的项目申请组织项目预审，对通过预审需进行或修改可行性研究的科技项目，由项目申请单位根据相关要求编制或修改《科技项目可行性研究报告》，并依据《科技项目预算编制实施细则》等编制项目经费预算等资料，在规定时间内（一般15个工作日）提交省公司级科技管理部门。

省公司科技管理部门汇总《科技项目可行性研究报告》和项目经费预算等资料后，组织专家评审工作，依据相关科技项目专家咨询管理办法及科技项目储备库管理规定等管理办法的要求，进行项目可行性论证和分级评价，同时对项目经费预算进行审核。

省公司级科技管理部门根据专家评审意见对项目的可行性研究报告进行审核。

3．项目储备

各级科技管理部门对项目进行审核后，按照科技项目储备库管理规定等相关制度要求，纳入各级科技项目储备库。科技项目储备库实行动态管理，根据公司及电网发展需求和科技项目申报情况，科技管理部门会及时对储备库中科技项目进行优化调整。

4．项目批准

省公司科技管理部门依据项目的分级评价结果，按公司总部要求从省公司科技项目储备库中选取项目，经内部审定、省公司相关负责人批准后形成项目储备建议,上报公司总部科技管理部门,同时报本单位计划管理部门备案。

5. 年度计划编制与下达

省公司科技管理部门根据公司总部下达的研究开发费专项计划,结合公司年度资金预算,根据公司计划管理部门相关要求,在公司计划管理部门的协调组织下编制公司科技项目年度投资计划,经批准后由计划管理部门下达。

2.1.2 科技项目立项管理流程

科技项目实行"统一组织、分级管理",分为总部管理项目、公司管理项目和各单位管理项目。总部管理项目是指公司承担的总部实施统一管理的项目和由总部统一分摊的项目。公司管理项目是指经网省公司审核上报总部并经其审定、批准后,由网省公司按总部批准预算统一安排的研究开发及应用项目。各单位管理项目是指经网省公司审批,由各单位组织实施的群众性科技创新项目。

1. 总部指南项目立项管理流程

公司总部科技部是总部指南项目立项管理的归口管理部门,项目立项管理流程如图 2-2 所示。

公司总部科技部下发申报指南通知后,项目承担单位按要求编制相应申请材料,并上报本单位科技管理部门。县级供电企业科技管理部门对申请材料审核后上报地市级供电企业科技管理部门。地市级供电企业科技管理部门组织对项目申请材料进行审查、可研论证。通过地市级供电企业可研论证的项目,由项目申请单位修编《科技项目可行性研究报告》及项目经费预算等资料。地市级供电企业科技管理部门对项目可研报告和经费预算等材料进行审核后,纳入本单位科技项目储备库。地市级供电企业科技管理部门从本单位科技项目储备库中选取,经审定后形成储备建议,上报省公司级科技管理部门。省公司级科技管理部门汇总由省公司项目申请部门和地市级供电企业科技管理部门提交的申请材料,并准备项目预审。

省公司级科技管理部门对通过预审需进行或修改可行性研究的科技项目,由项目承担单位根据相关要求编制或修改《科技项目可行性研究报告》,并依据《科技项目预算编制实施细则》等编制项目经费预算等资料,提交省公司级科技管理部门。

	总部	省级电力公司			地县供电企业
	科技管理部门	分管科技领导	科技管理部门	项目承担单位	

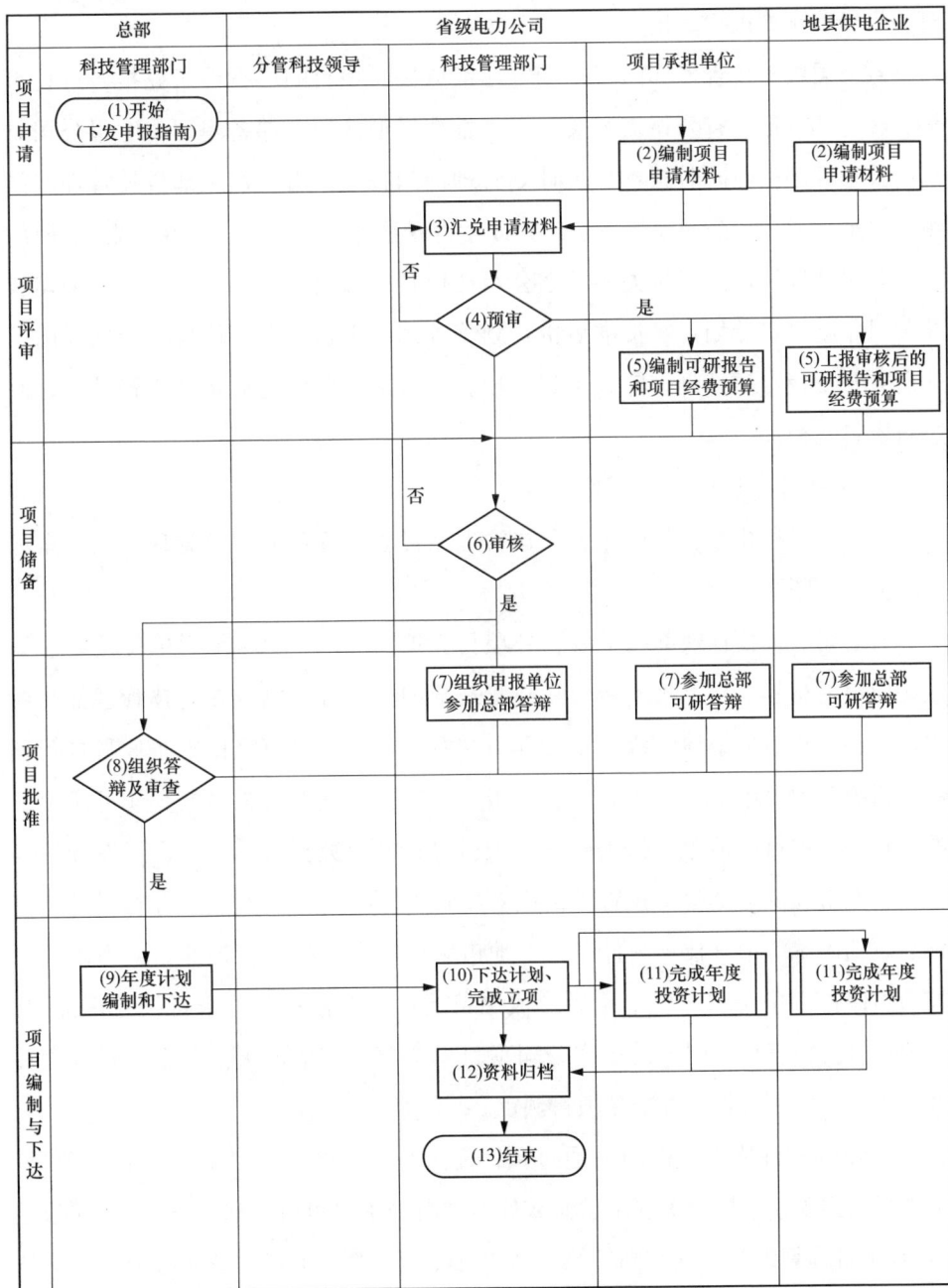

图 2-2 总部指南项目立项管理流程

省公司级科技管理部门汇总《科技项目可行性研究报告》和项目经费预算等资料后，组织专家评审工作，依据相关科技项目专家咨询管理办法及科技项目储备库管理规定等管理办法的要求，进行项目可行性论证和分级评价，同时对项目经费预算进行审核。

省公司级科技管理部门根据专家评审意见对项目的可行性研究报告进行审核。经内部审定、省公司级相关负责人批准后形成项目储备建议，上报公司总部科技管理部门，同时报本单位计划管理部门备案。由公司总部科技管理部门组织答辩。通过后公司总部下达研究开发费专项计划，结合公司年度资金预算，根据公司计划管理部门相关要求在公司计划管理部门的协调组织下编制公司科技项目年度投资计划，经批准后由计划管理部门下达。省公司科技管理部门下达研究开发费专项计划，完成项目立项。项目承担单位完成年度投资计划，并进行资料归档。

2. 省公司管理项目立项管理流程

省公司级科技管理部门是省公司管理项目立项管理的归口管理部门，立项管理流程如图 2-3 所示。

省公司级科技管理部门下发科技项目立项通知后，项目承担单位按要求编制相应申请材料，并上报本单位科技管理部门。县级供电企业科技管理部门对申请材料审核后上报地市级供电企业科技管理部门。地市级供电企业科技管理部门组织对项目申请材料进行审查、可研论证。通过地市级供电企业可研论证的项目，由项目申请单位修编《科技项目可行性研究报告》及项目经费预算等资料。地市级供电企业科技管理部门对项目可研报告和经费预算等材料进行审核后，纳入本单位科技项目储备库。地市级供电企业科技管理部门从本单位科技项目储备库中选取，经审定后形成储备建议，上报省公司级科技管理部门。省公司级科技管理部门汇总由省公司项目申请部门和地市级供电企业科技管理部门提交的申请材料，并准备项目预审。

省公司级科技管理部门对通过预审需进行或修改可行性研究的科技项目，由项目承担单位根据相关要求编制或修改《科技项目可行性研究报告》，并依据《科技项目预算编制实施细则》等编制项目经费预算等资料，提交省公司级科技管理部门。省公司级科技管理部门汇总《科技项目可行性研究报告》和项目经费预算等资料后，组织专家评审工作，依据相关科技项目专家咨询管理办法及科技项目储备库管理规定等管理办法的要求，进行项目可行性论证和分级评价，同时对项目经费预算进行审核。

	总部		省级电力公司		地县供电企业
	科技管理部门	分管科技领导	科技管理部门	项目承担单位	

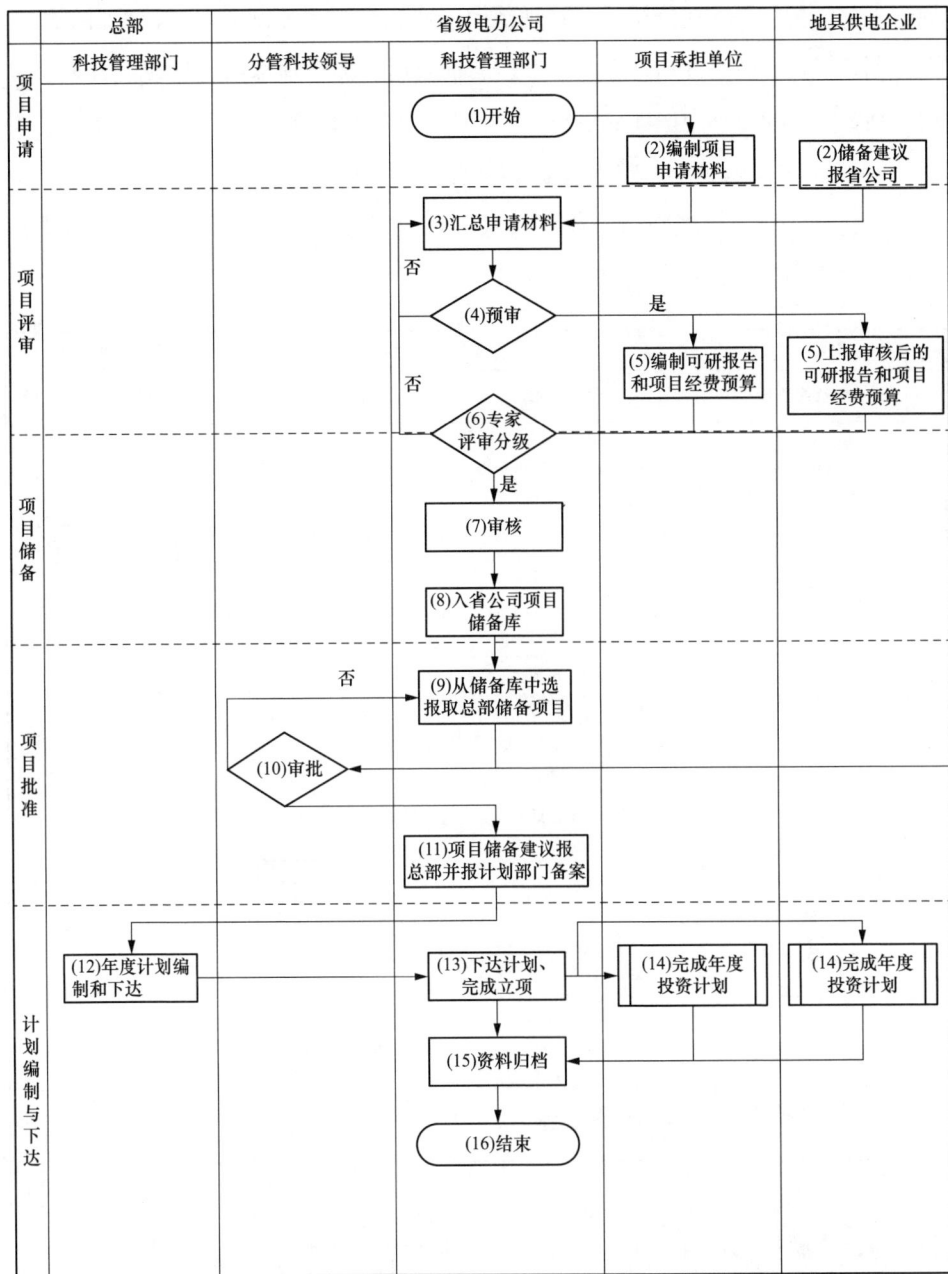

图 2-3 省公司管理项目立项管理流程

省公司级科技管理部门根据专家评审意见对项目的可行性研究报告进行审核。经内部审定、省公司级相关负责人批准后形成项目储备建议，上报公司总部科技管理部门，同时报本单位计划管理部门备案。由公司总部科技管理部门组织答辩。通过后公司总部下达研究开发费专项计划，结合公司年度资金预算，根据公司计划管理部门相关要求在公司计划管理部门的协调组织下编制公司科技项目年度投资计划，经批准后由计划管理部门下达。省公司科技管理部门下达研究开发费专项计划，完成项目立项。项目承担单位完成年度投资计划，并进行资料归档。

3. 地市级供电企业科技项目立项管理流程

省公司级科技管理部门是地市级供电企业管理项目立项管理的归口管理部门，项目立项管理流程如图 2-4 所示。

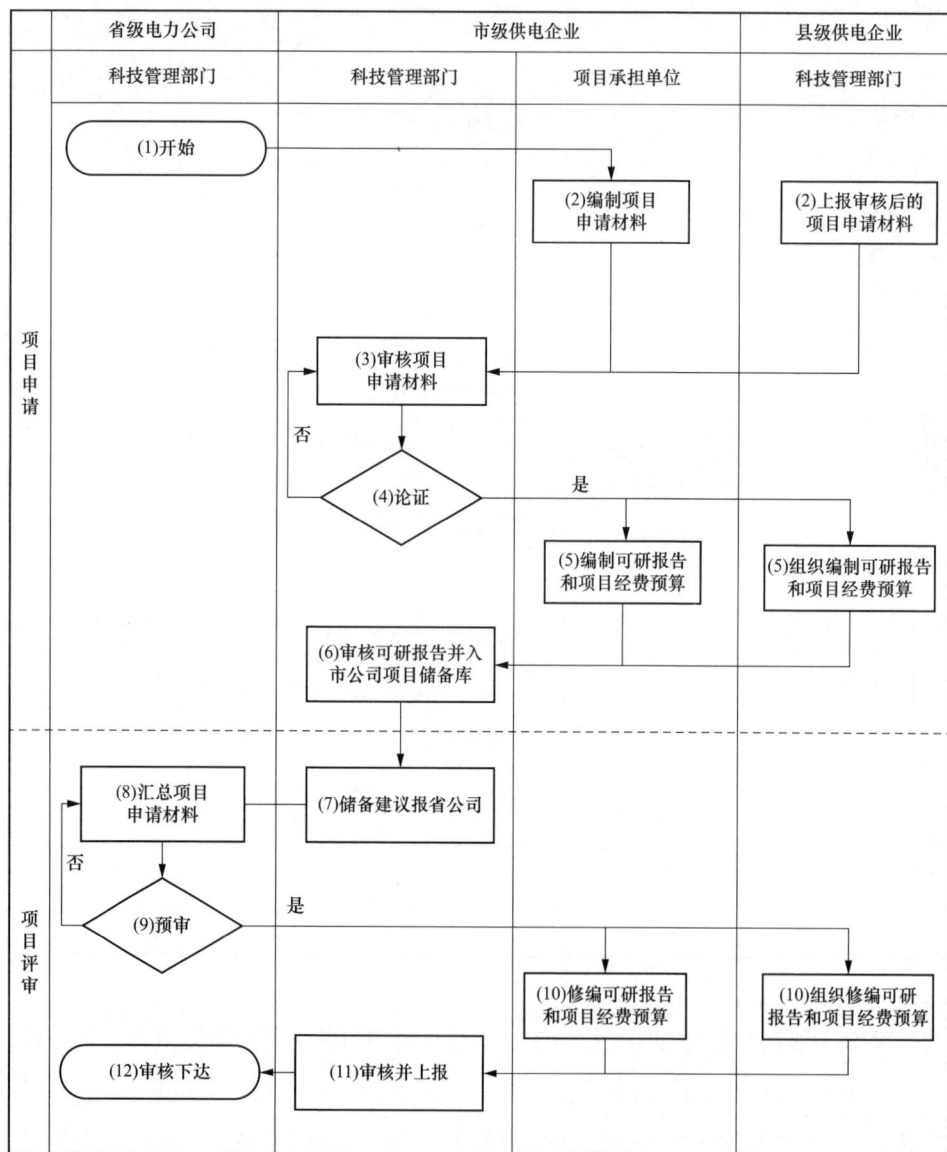

图 2-4　地市级供电企业科技项目立项管理流程

省公司级科技管理部门下发科技项目立项通知后，项目承担单位按要求编制相应申请材料，并上报本单位科技管理部门。县级供电企业科技管理部门对申请材料审核后上报地市级供电企业科技管理部门。地市级供电企业科技管理部门组织对项目申请材料进行审查、可研论证。通过地市级供电企业可研论证的项目，由项目申请单位修编《科技项目可行性研究报告》及项目经费预算等资料。地市级供电企业科技管理部门对项目可研报告和经费预算等材料进行审核后，纳入本单位科技项目储备库。地市级供电企业科技管理部门从本单位科技项目储备库中选取，经审定后形成储备建议，上报省公司级科技管理部门。省公司级科技管理部门汇总地市级供电企业科技管理部门提交的申请材料，并准备项目预审。

省公司级科技管理部门对通过预审需进行或修改可行性研究的科技项目，由项目承担单位根据相关要求编制或修改《科技项目可行性研究报告》，并依据《科技项目预算编制实施细则》等编制项目经费预算等资料，提交地市级科技管理部门。地市级科技管理部门汇总《科技项目可行性研究报告》和项目经费预算等资料后，审核并上报省公司级科技管理部门。省公司科技管理部门审核通过后下达，完成项目立项。

4. 县级供电企业科技项目立项管理流程

省公司级科技管理部门是县级供电企业管理项目立项管理的归口管理部门，项目立项管理流程如图 2-5 所示。

省公司级科技管理部门下发科技项目立项通知后，县级供电企业项目承担单位按要求编制相应申请材料，并上报县级供电企业科技管理部门科技管理部门。县级供电企业科技管理部门对申请材料审核后上报地市级供电企业科技管理部门。地市级供电企业科技管理部门组织对项目申请材料进行审查、可研论证。通过地市级供电企业可研论证的项目，由项目申请单位修编《科技项目可行性研究报告》及项目经费预算等资料。地市级供电企业科技管理部门对项目可研报告和经费预算等材料进行审核后，纳入本单位科技项目储备库。地市级供电企业科技管理部门从本单位科技项目储备库中选取，经审定后形成储备建议，上报省公司级科技管理部门。省公司级科技管理部门汇总地市级供电企业科技管理部门提交的申请材料，并准备项目预审。

省级电力公司	市级供电企业	县级供电企业	
科技管理部门	科技管理部门	科技管理部门	项目承担单位

项目申请

(1)开始

(2)编制项目申请材料

(3)审核项目申请材料并上报

(4)审核项目申请材料

否

(5)论证 → 是

(6)编制可研报告和项目经费预算

(7)审核可研报告并入市公司项目储备库

项目评审

(9)汇总项目申请材料

(8)储备建议报省公司

否

(10)预审 → 是

(11)修编可研报告和项目经费预算

(14)审核下达

(13)审核并上报

(12)审核并上报

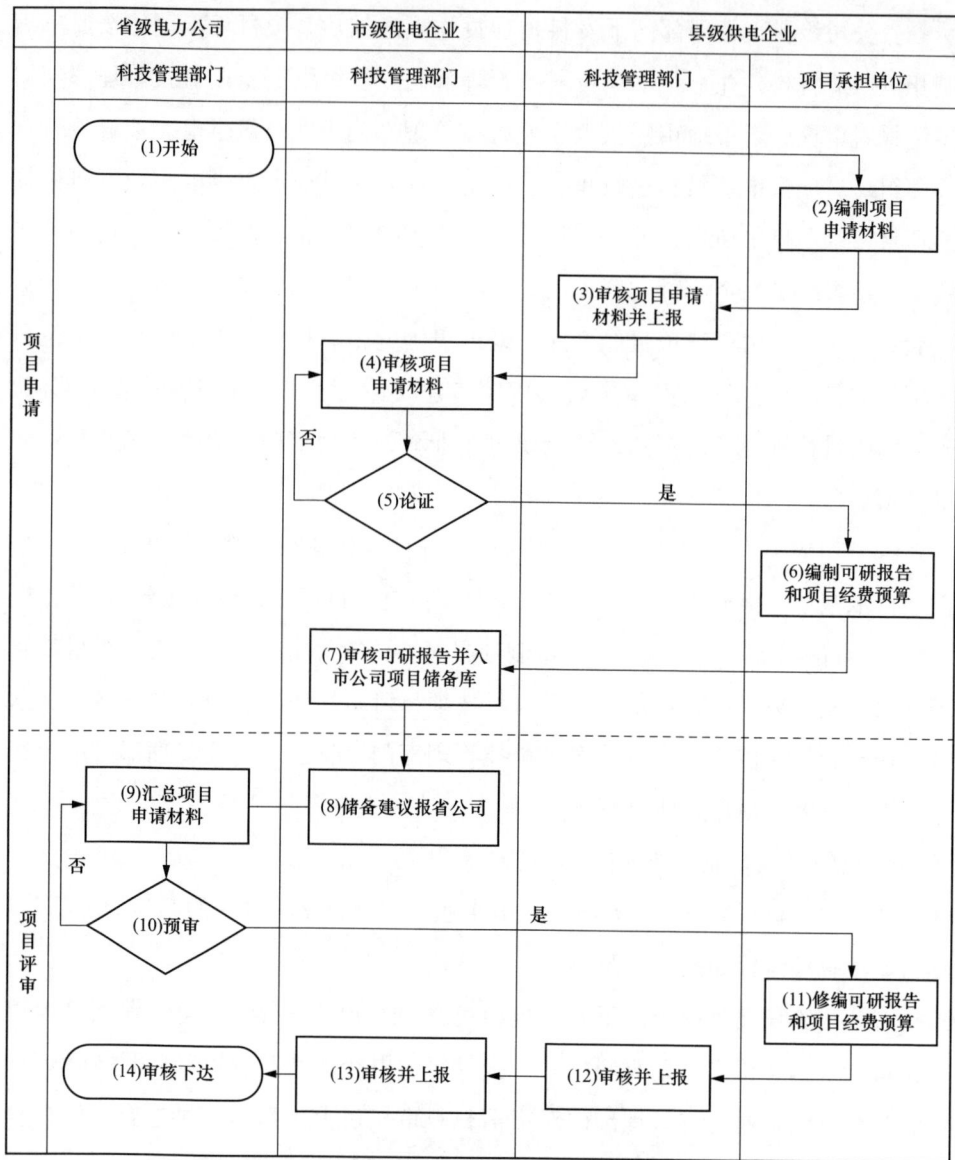

图 2-5　县级供电企业科技项目立项管理流程

省公司级科技管理部门对通过预审需进行或修改可行性研究的科技项目，由县级供电企业承担单位根据相关要求编制或修改《科技项目可行性研究报告》，并依据《科技项目预算编制实施细则》等编制项目经费预算等资料，提交县级供电企业科技管理部门。县级供电企业科技管理部门汇总《科技项目可行性研究报告》和项目经费预算等资料后，审核并上报地市公司级科技管理部门。地市公司级科技管理部门汇总《科技项目可行性研究报告》和项目经费预算等资料后，审核并上报省公司级科技管理部门。省公司科技管理部门审核通过后下达，完成项目立项。

5. 群众性科技创新项目立项管理流程

省公司级科技管理部门是群众性科技创新项目立项管理的归口管理部门，项目立项管理流程如图 2-6 所示。

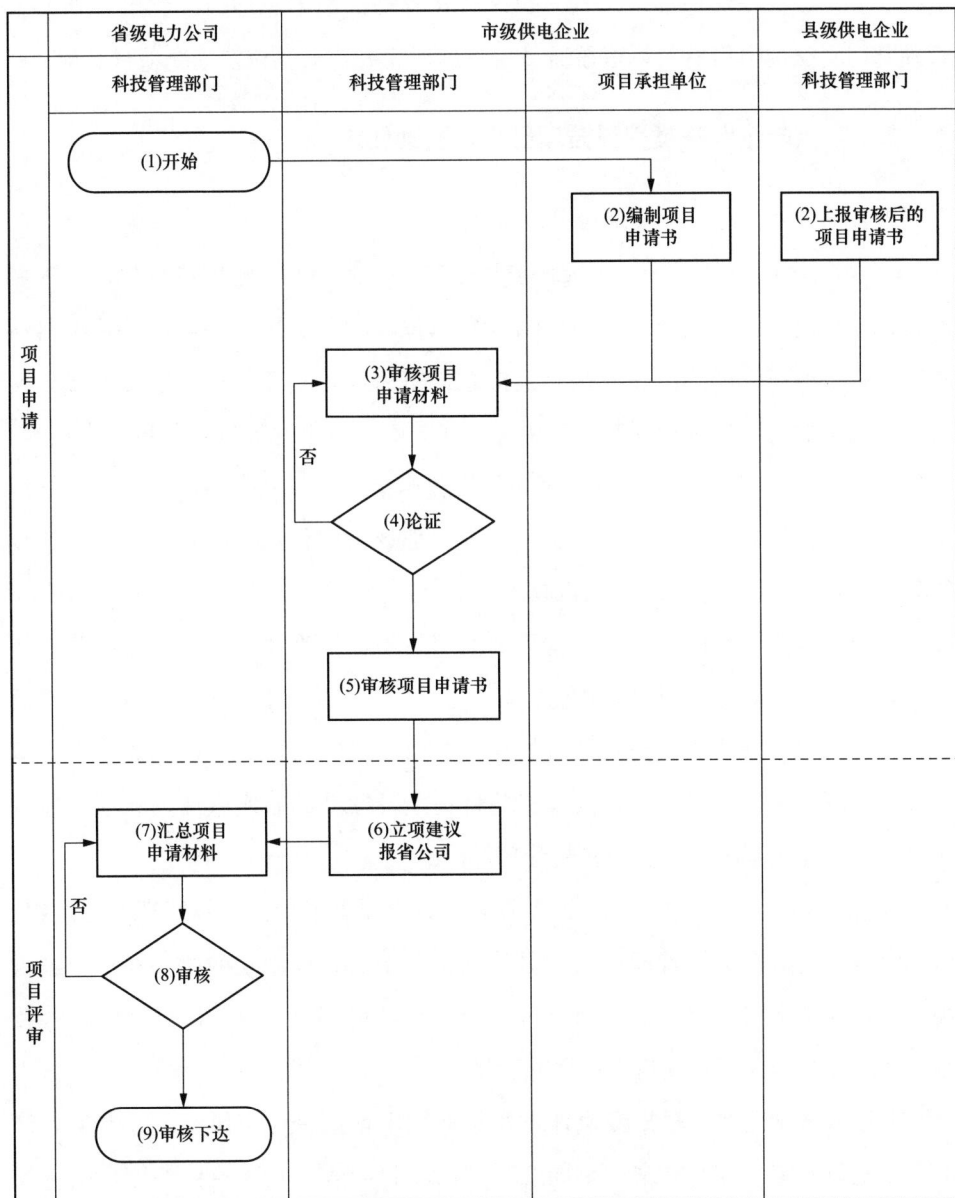

图 2-6　群众性科技创新项目立项管理流程

省公司级科技管理部门下发群众性科技创新项目立项通知后，项目承担单位按要求编制项目申请书，并上报本单位科技管理部门。县级供电企业科技管理部门对项目申请书审核后上报地市级供电企业科技管理部门。地市级供电企业科技管理部门组织对项目申请书进行审查、可研论证。通过地市级供电企业可研论证的项目，地市级供电企业科技管理部门形成群众性科技创新项目立项建议，上报省公司级科技管理部门。省公司级科技管理部门汇总地市级供电企业科技管理部门提交的申请材料，审核通过后下达，完成群众性科技创新项目立项。

2.2 供电企业各类型科技项目立项管理要求

2.2.1 科技项目立项阶段管理要求

一般在当年3、4月份，省级科技管理部门会组织下一年度科技项目需求调研，地县供电企业科技管理部门应结合本单位实际情况按要求填报科技项目需求表，省级科技管理部门在此基础上汇总评审后确定当年的科技项目需求，同时少数省份的省级科技管理部门会在此基础上确定本年度的省公司级指南项目。当年5、6月份，正式启动下一年度科技项目申请工作，地县供电企业科技管理部门应做好科技项目申报的组织、审核与内部评审工作，一般情况下省级科技管理部门在8、9月份完成评审工作。

各单位科技项目评审均由科技管理部门组织，分为预审、专家评审及审核三个阶段，一般采用会议审查进行。项目预审工作由科技管理部门负责，对通过预审需修正可行性研究报告的科技项目，由项目申请单位根据相关要求修编科技项目可行性研究报告，并依据相关科技项目预算编制实施细则和项目经费预算，要求在规定时间内提交科技管理部门。

通过预审的项目，进入专家评审阶段，专家评审工作由科技管理部门组织，依据科技项目专家咨询管理办法和科技项目储备库管理规定的相关要求，进行项目可行性论证和分级评价，同时对经费预算进行审核。专家评审组出具科技项目立项评分表和科技项目立项评审意见。

各级科技管理部门根据专家评审意见通知申请人进行可研修改，申请人修改后报主审专家复核。专家评审同意立项的项目纳入科技项目储备库，储备库管理遵照科技项目储备库管理规定执行。

省公司级科技管理部门根据专家评审意见和可研论证结论拟定储备项目，报请省公司科技创新领导小组批准后报总部。各级科技管理部门依据综合计划和预算总体安排，从科技项目储备库中选取项目，会同计划管理部门和财务管理部门综合平衡，经审定、批准后纳入综合计划和预算方案统一下达。

2.2.2 群众性科技创新项目立项阶段管理要求

群众性科技创新项目申请人原则上应由一线在职人员担任，并具有较高的技术水平，对其创新项目涉及领域的技术发展情况，有较全面的了解和较强的研究与开发能力，能保证足够的精力投入，同时具有完成项目必备的人才条件和技术装备，与项目相关的工作经历和工作积累，具有完成项目所需的组织管理和协调能力，具有完成项目的良好信誉度。

群众性科技创新项目立项包括申请、评审、批准三个基本程序。项目遵循逐级申请的原则，各单位均应按行政隶属关系逐级申请，目前各单位集体企业不在群众性科技创新项目申报范围内。

项目申请单位应填报项目申请书（代计划任务书）。申请单位应按照要求对项目申请书进行审查，申请书经单位领导批准、加盖公章后，按规定时间报送相应项目归口管理部门。项目归口管理部门按照预审、专家评审及审核三个阶段对申请项目组织评审。

项目归口管理部门负责项目预审工作，并负责组织相关专家对通过预审的项目进行专业评审。专家评审应在充分论证的基础上，提出明确的、可供决策参考的意见和建议，专家评审小组一般由相关专业的5～9名专家组成。评审工作坚持科学、公正的原则，实行回避制度，专家和工作人员应严格遵守对评审材料及专家意见保密的有关规定。

根据专家评审意见，项目归口管理部门对项目进行审核，在征求有关部门和专家意见基础上制定本单位的项目和经费计划，并报本单位科技工作领导小组审核。

群众性科技创新项目由地县供电企业与科技项目同期上报省公司级科技管理部门，项目总经费10万元及以下项目只需上报项目和经费计划简表，由公司科技创新领导小组核准；总经费大于10万元项目须上报项目和经费计划简表、项目申请书（代计划任务书），上报项目由公司科技管理部门组织审核，审核通过项目报公司科技创新领导小组审批后下达。

群众性科技创新项目一般不支持多个单位共同承担，如确有需要多个单位共同承担的项目，计划任务书中排列第一的承担单位负主要责任。任务书中应明确各方职责、研究内容、经费分配方案、提交的成果及争议解决方式等。

2.3 科技项目立项阶段文档编写要求

项目立项阶段的文档具体包括科技项目可行性研究报告、科技项目估算、科技项目计划简表等。科技项目立项要求按照相关科技项目管理办法进行，以公司的发展重点为重点，不得与公司发展战略、规定相违背。重点应明确项目的意义、研究内容、预期目标、成果形式和经费预算等。

2.3.1 科技项目可研报告编写要求

科技项目可研报告是在制订科研计划的前期，通过全面的调查研究，分析论证某个科学研究活动切实可行而提出的一种书面材料。科技项目可研报告从技术、经济、工程等方面进行调查研究和分析比较，并对项目完成以后可能取得的财务、经济效益及社会影响进行预测，从而提出该项目是否值得投资和如何实施的意见，为项目决策提供依据。可研报告具有预见性、公正性、可靠性、科学性的特点。

科技项目可研报告主要包含项目的目的和意义、国内外研究水平综述、项目的理论和实践依据、项目研究内容和实施方案、预期目标和成果形式、合作单位或依托工程单位落实情况、项目承担单位的条件、项目的进度安排和项目经费预算等方面。

1. 封面

封面字体统一为黑体三号，项目名称为拟上报的科技项目名称，申请总部及省控科技项目的填写"国网××供电公司"，如"国网湖州供电公司"；县公司科技项目填写县级供电企业名称，如"国网浙江安吉县供电有限公司"；起止时间，填写本项目计划实施的起止时间，如"2017 年 01 月至 2017 年 12 月"。

2. 正文部分

正文字体统一为小四仿宋 _ GB 2312，1.5 倍行距。正文各部分的编写要求如下：

"一、目的和意义"：从现状分析、项目成果的意义、成果应用和推广的途径、成果推广后的直接和间接效益等四方面阐述。

"1.1现状分析"：逐项描述与项目研究内容紧密相关的公司实际生产力水平和今后的发展方向。

"1.2项目成果的意义"：阐述项目成果对该现状和技术发展的作用。

"1.3成果应用和推广的途径"：分析成果应用和推广的途径。

"1.4成果推广后的直接和间接效益"：分析成果推广后的直接和间接效益。

"二、国内外研究水平综述"：从相关技术发展历史回顾、国内外研究水平的现状和发展趋势、国外研究机构对本项目的研究情况、国内研究机构对本项目的研究情况等四方面进行阐述。

"2.1相关技术发展历史回顾"：与项目研究内容紧密相关的技术发展历史的简要回顾。

"2.2国内外研究水平的现状和发展趋势"：简要描述国内外研究水平的现状和发展趋势。

"2.3国外研究机构对本项目的研究情况"：根据实际情况，简要介绍国外研究机构对本项目的研究情况。

"2.4国内研究机构对本项目的研究情况"：根据实际情况，简要介绍国内研究机构对本项目的研究情况。

"三、项目的理论和实践依据"：从理论依据、实践依据、项目的技术关键与难点、项目创新点四个方面阐述。

"3.1项目的理论依据"：项目研究内容的原理简述。

"3.2项目的实践依据"：项目研究内容的实践依据。

"3.3项目的技术关键与难点"：项目研究的技术关键和难点。

"3.4项目创新点"：项目与以往技术的不同之处。

"四、项目研究内容和实施方案"：从项目研究内容、项目实施方案、项目分工三个方面进行阐述。

"4.1项目研究内容"：项目研究内容的详细说明（可分专题或按内容序号描述）。

"4.2项目实施方案"：要描述具体的理论研究步骤、现场试验的地点和试验计划。需要建设试验手段的项目，要给出试验手段的结构和作用、理论研究和试验内容与项目总目标的因果关系、理论和试验研究的工作量。

"4.3 项目分工"：单家单位承担本项目的，注明项目承担单位；需要与国外合作的，要写明与外方的合作方式、知识产权和成果分享的范围，以及以前的工作联系；注明外委的工作内容和工作量；对于装置、设备开发的项目，要提出装置或设备的开发计划及设计方案。多家单位共同承担的项目，需要写明各家的分工、职责和提供的成果，项目的组织方式，合作方式、知识产权和成果分享的范围。

分工安排以表格形式明示，如表 2-1 所示。（如有明确的意向合作单位，承担单位可用具体的合作单位名称替代）

表 2-1 　　　　　　　　　　分 工 安 排

单位	研究内容	预期目标	最终成果形式
承担单位 1	研究内容 1		
	研究内容 2		
	……		
	研究内容 n		
承担单位 2	研究内容 1		
	研究内容 2		
	……		
	研究内容 n		
承担单位 3	研究内容 1		
	研究内容 2		
	……		
	研究内容 n		
承担单位 m	研究内容 1		
	研究内容 2		
	……		
	研究内容 n		

"五、预期目标和成果形式"：分别从预期目标、成果形式两个方面展开阐述，阐述项目以下两方面的情况，其分项说明使用（1）、（2）…

阐明项目研究预期达到的目标（应与项目研究内容相对应）；明确叙述提供研究成果的形式，包括理论研究报告、全套设计制造技术、实用装置或软件等；要求成果提供的形式能够被其他研究人员掌握，使成果的使用权具有可转移性。

"六、合作单位或依托工程单位落实情况"：如需同其他单位进行合作，说明合作单位的落实情况，并出具合作单位承诺进行合作的证明文件（可明确意向合作单位的名称，介绍其研发业绩、技术优势、试验能力和工作团队等情况）。

如需结合依托工程进行试点研究，说明依托工程及其与本项目结合的情况，出具依托工程单位承诺提供相关条件的证明文件。

"七、项目承担单位的条件"：从项目负责人、项目研究人员、实验室条件和理论研究环境四个方面进行阐述。

"7.1项目负责人"：简介项目负责人，包括姓名、性别、年龄、工作单位、职务、职称、学历、专业、专长。

"7.2项目研究人员"：介绍项目组成员、包括姓名、年龄、出生年月、工作单位、职务、职称、专业、分工和投入项目工作总月数，如表2-2所示。

出生年月：××××.××。

工作单位：国网××供电公司或国网浙江××县供电有限公司。

职务：××部主任、××部副主任、××公司总经理、××专职。

职称：教授级高工、高工、工程师、助工、高技、技师、高级工、中级工、初级工。

专业：电力系统自动化、电气工程、信息通信；其他专业按人资专业分类填报。

分工：项目负责人、项目策划、项目协调、项目实施、资料整理等，或者可按项目实际描述。

投入项目工作总月数：根据参与项目实际时间，填写相应月数。同一项目组成员在所有科技项目中投入的总月数每年不得超过12个月。

表2-2　　　　　　　　项 目 研 究 人 员

姓名	年龄	出生年月	工作单位	职务	职称	专业	分工	投入项目工作总月数
张三	30	1982.11	国网湖州供电公司	运维检修部主任	教授级高工	电力系统自动化	项目负责人	12月

"7.3实验室条件"：简介承担单位所具备的硬件、软件条件、实验领域、资质能力，往年主要研发项目，证明承担单位有能力承担项目的实施。

"7.4 理论研究环境"：介绍承担单位人员资质情况、人员职称情况、近年来研发业绩介绍等，证明承担单位有研发项目的能力。

"八、项目的进度安排"：列出分季度计划研究内容并且分季度提供成果的内容和形式，要具有可检查性，如表 2-3 所示。

表 2-3 　　　　　　　　　　　项 目 进 度 安 排

序号	时间段	内容
1	20××年 1 月～20××年 3 月	
2	20××年 4 月～20××年 6 月	
3	20××年 7 月～20××年 9 月	
4	20××年 10 月～20××年 12 月	
5	20××年 1 月～20××年 3 月	
6	20××年 4 月～20××年 6 月	
7	20××年 7 月～20××年 9 月	
8	20××年 10 月～20××年 12 月	

"九、项目经费预算"：按照项目经费预算表格填写下述内容，如表 2-4～表 2-7 所示。

经费预算严格按照科技项目预算编制实施细则的要求填写。周期为 1 年的项目只需填写表 2-4，周期在 2 年及以上的项目，需填写表 2-4～表 2-7（根据承担单位数量添加）并填写相应附件。承担单位 1 指省公司级单位本部及其分支机构，表内名称直接改成实际单位名；承担单位 2、3（根据承担单位数量添加）可以是系统内单位也可以是系统外单位。凡预计开具增值税发票的按税前价格填报，即发票总额/（1＋增值税税率），普通发票的按开票金额填写。注意单项及大项的合计金额，没有资金发生的细项不用填写"0"。

地县供电企业、网省公司等系统内单位："人工费"不得列支，"税金"不填。间接费仅用于项目审计，第三方审计取费标准：

100 万元以下的　　　　　2000 元

100 万～500 万元　　　　1.6‰

500 万～1000 万元　　　1.2‰

1000 万～2000 万元　　0.8‰

2000 万～5000 万元　　0.5‰

所有附件说明每个细项必须按照表格要求将空白部分填完整。

表 2-4 　　　　　　　项目经费预算（一家单位承担）　　　　单位：万元

科目名称	预算总金额	20××年	20××年	20××年	……	备注
（一）直接费						
1. 人工费						
（1）专职研究人员人工费						
（2）劳务外包人员人工费						
（3）临时性研究人员人工费						
2. 设备费使用费						
（1）仪器设备使用费						附件1
（2）软件使用费						附件2
3. 业务费						
（1）材料费						附件3
（2）资料、印刷及知识产权费						
（3）会议、差旅及国际合作交流费						
4. 场地使用费						
（1）场地物业费						
（2）场地使用租金						
5. 专家咨询费						
（二）间接费						
（三）外协支出费						
1. 协作研究支出费						附件4
2. 仪器设备租赁费						
3. 外协测试试验与加工费						附件5
（四）税金						
合计						

注　1. 各栏目的经费经费预算保留1位小数，总经费四舍五入到整数。
　　2. 承担单位只有一家时请用此表，并删去后面多余表格。

表 2-5 　　　　　　项目经费预算总表（多家单位承担）　　　单位：万元

科目名称	预算总金额	××单位	××单位	××单位	……	备注
（一）直接费						
1. 人工费						
（1）专职研究人员人工费						
（2）劳务外包人员人工费						
（3）临时性研究人员人工费						
2. 设备费使用费						
（1）仪器设备使用费						附件1
（2）软件使用费						附件2
3. 业务费						
（1）材料费						附件3
（2）资料、印刷及知识产权费						

续表

科目名称	预算总金额	××单位	××单位	××单位	……	备注
（3）会议、差旅及国际合作交流费						
4. 场地使用费						
（1）场地物业费						
（2）场地使用租金						
5. 专家咨询费						
（二）间接费						
（三）外协支出费						
1. 协作研究支出费						附件4
2. 仪器设备租赁费						
3. 外协测试试验与加工费						附件5
（四）税金						
合计						

注 1. 各栏目的经费经费预算保留1位小数，总经费四舍五入到整数。
  2. 承担单位有多家时请用此表，并删去之前表格。

表 2-6　　　　　　　　　　**分单位预算表（承担单位1）**　　　　　单位：万元

科目名称	预算总金额	201×年	201×年	……	备注
（一）直接费					
1. 人工费					
（1）专职研究人员人工费					
（2）劳务外包人员人工费					
（3）临时性研究人员人工费					
2. 设备费使用费					
（1）仪器设备使用费					附件1
（2）软件使用费					附件2
3. 业务费					
（1）材料费					附件3
（2）资料、印刷及知识产权费					
（3）会议、差旅及国际合作交流费					
4. 场地使用费					
（1）场地物业费					
（2）场地使用租金					
5. 专家咨询费					
（二）间接费					
（三）外协支出费					
1. 协作研究支出费					附件4
2. 仪器设备租赁费					
3. 外协测试试验与加工费					附件5
（四）税金					
合计					

注 1. 各栏目的经费经费预算保留1位小数，总经费四舍五入到整数。

表 2-7 　　　　　　　　　分单位预算（承担单位 2）　　　　　　单位：万元

科目名称	预算总金额	201×年	201×年	……	备注
（一）直接费					
1. 人工费					
（1）专职研究人员人工费					
（2）劳务外包人员人工费					
（3）临时性研究人员人工费					
2. 设备费使用费					
（1）仪器设备使用费					附件 1
（2）软件使用费					附件 2
3. 业务费					
（1）材料费					附件 3
（2）资料、印刷及知识产权费					
（3）会议、差旅及国际合作交流费					
4. 场地使用费					
（1）场地物业费					
（2）场地使用租金					
5. 专家咨询费					
（二）间接费					
（三）外协支出费					
1. 协作研究支出费					附件 4
2. 仪器设备租赁费					
3. 外协测试试验与加工费					附件 5
（四）税金					
合计					

项目具体经费使用在保证执行以上说明的情况下参见表 2-8。

表 2-8 　　　　　　　　　科技项目费用预算构成表

序号	科目名称	计算方法	备注
（一）	直接费	直接费＝人工费＋设备使用费＋业务费＋场地使用费＋专家咨询费	
1	人工费	人工费＝专职研究人员人工费＋劳务外包人员人工费＋临时性研究人员人工费	

续表

序号	科目名称	计算方法	备注
(1)	专职研究人员人工费	专职研究人员人工费＝人员数量（人员类型1）×工作月×标准1＋人员数量（人员类型2）×工作月×标准2＋加班费 $$加班费=\sum_{\substack{i=1\\j=1}}^{\substack{i=3\\j=2}}\left[\left(加班人数\times\frac{月工资标准}{21.75}\right)_{类型j}\times\right.$$ $$\left.(预计加班天数\times倍数标准)_{类型i}\right]$$	（1）专职研究人员中，人员类型1为高级研究人员（含项目负责人、子项目负责人、项目骨干研究人员和其他高级研究人员），标准为2万～3万元/人月（标准1）；人员类型2为其他研究人员（含中初级研究人员、技术工人、博士后、研究生等其他研究人员），标准为1.5万～2万元/人月（标准2）。 （2）劳务外包人员是指承担单位将部分研究业务外包给相关机构，由该机构按照承担单位要求安排的用于完成相应研究任务的人员，临时性研究人员包括单位实习生、社会短期聘用人员、兼职研究人员等。劳务外包人员人工费和临时性研究人员人工费应参照当地科学研究和技术服务业从业人员平均收入水平（标准3），根据其在项目研究中承担的工作任务确定。 （3）人工费应考虑项目研究人员的智力投入水平，按照成果类型实行分类控制。研究成果为报告、自行开发软件等以人员智力投入为主的研究项目人工费不得超过项目总费用的65％；研究成果为硬件产品，材料费及外协加工费比重较大的研究项目人工费不得超过项目总费用的35％。其他类型的研究项目人工费不得超过项目总费用的50％
(2)	劳务外包人员人工费	劳务外包人员人工费＝人员数量×工作月×标准3＋加班费 $$加班费=\sum_{\substack{i=1\\j=1}}^{\substack{i=3\\j=2}}\left[\left(加班人数\times\frac{月工资标准}{21.75}\right)_{类型j}\times\right.$$ $$\left.(预计加班天数\times倍数标准)_{类型i}\right]$$	
(3)	临时性研究人员人工费	临时性研究人员人工费＝人员数量×工作月×标准3＋加班费 $$加班费=\sum_{\substack{i=1\\j=1}}^{\substack{i=3\\j=2}}\left[\left(加班人数\times\frac{月工资标准}{21.75}\right)_{类型j}\times\right.$$ $$\left.(预计加班天数\times倍数标准)_{类型i}\right]$$	
2	设备使用费	设备使用费＝仪器设备使用费＋软件使用费	
(1)	仪器设备使用费	仪器设备使用费＝折旧费＋大修理费＋经常修理费＋安装及拆卸费＋场外运费＋操作人员人工费＋燃料动力费＋车船税	
(2)	软件使用费	软件使用费＝摊销费＋维护费＋技术服务费＋培训费	

续表

序号	科目名称	计算方法	备注
3	业务费	业务费＝材料费＋资料费＋印刷出版费＋知识产权费＋会议费＋差旅费＋培训费	
(1)	材料费	材料费＝材料消耗量×材料预算价格	
(2)	资料、印刷及知识产权费	资料、印刷及知识产权费＝文献检索费＋资料购置费＋印刷出版费＋翻译费＋专利申请费＋知识产权费	资料、印刷及知识产权费总额原则上不超过40万元，如项目研究确有需要（如购买地图、气象数据、数据库，专著出版，国际专利申请等），需提供详细的编制说明
(3)	会议、差旅及国际合作交流费	会议、差旅及国际合作交流费＝会议费＋差旅费＋国际合作交流费＋培训费	（1）会议、差旅及国际合作交流费支出标准应按照公司有关规定执行，且应严格控制会议规模、数量和会期，国际合作交流与培训时间。 （2）会议、差旅及国际合作交流费比例超过项目总费用10%应列示编制测算依据
4	场地使用费	场地使用费＝场地物业费＋场地租金	
(1)	场地物业费	场地物业费＝占用面积×占用时间×单位面积物业管理费	
(2)	场地使用租金	场地使用租金＝占用面积×占用时间×单位面积场地租金	
5	专家咨询费	专家咨询费＝咨询专家人次×人员标准×天数	（1）专家咨询费人员标准原则上按照高级专业技术职称人员1500～2400元/人天（税后），其他专业人员900～1500元/人天（税后）计列，院士、全国知名专家可按照高级专业技术职称人员的专家咨询费标准上浮50%执行。 （2）项目执行期在一年内的，专家咨询费总额原则上不超过20万元；项目执行期在一年以上的，每增加一年专家咨询费总额增加15万元；预算超过上述标准的项目需详细说明

续表

序号	科目名称	计算方法	备注
(二)	间接费	间接费＝项目总费用×费率	间接费实行总额控制,上限标准使用分段超额累退比例法计算,按照不超过项目总费用的一定比例核定,具体比例如下:500万元及以下部分不超过20%;超过500万元至1000万元的部分不超过15%;超过1000万元的部分不超过13%
(三)	外委支出费	外委支出费＝外委研究支出费＋外协测试试验与加工费＋仪器设备租赁费	
(1)	外委研究支出费		(1)外委研究支出费比例不超过合同总额的30%。 (2)项目主体研究内容不得外委给其他单位。 (3)公司海外单位承担的科技项目外委研究支出费管理按照《国家电网公司海外研究院科技项目管理细则》执行
(2)	仪器设备租赁费		以租赁协议为准
(3)	外协测试试验与加工费		以委托协议为准
(四)	税金	税金＝增值税＋城市维护建设税＋教育费附加	(1)增值税以项目实际发生的增值额为基数计提,税率标准按照国税和地税相关规定执行。 (2)维护建设税、教育费附加等以增值税为基数计提,税率按照国税和地税相关规定执行

"十、有关证明文件":填写合作单位对项目的意见,依托工程单位对项目的意见,自筹经费来源及保证证明。若无上述情况的不用填写。

"十一、申请单位领导审查意见":对经费预算是否合理,有无其他经费来源,能否偿还贷款,能否保证研究计划实施所需的人力、工作时间等基本条件提出具体意见。可参见以下模板进行填写。

模版一：说明该项目源自总部或省公司的科技规划、研究框架中的具体课题，研究内容符合公司实际生产水平及今后发展向。

项目经费预算合理，目标设置合适，项目实施团队力量雄厚，有能力在规定工作时间完成项目，同意该项目立项实施。

模版二：该项目实施可以解决目前电网生产或发展中出现的具体问题，满足电网生产或发展的需求，有利于提供企业的生产（经营、管理）水平。

项目经费预算合理，目标设置合适，项目实施团队力量雄厚，有能力在规定工作时间完成项目，同意该项目立项实施。

2.3.2 科技项目储备计划简表编写要求

采用宋体 10 号字填写表格，具体填写说明如下：

"项目名称"：填写申报储备科技项目名称。项目名称要求简洁、概要，字数不要太多。

"项目属性"、"指南编号"、"项目类别"、"技术领域"：根据项目情况从表格下拉框中选择。

"研究内容"：概述本课题主要研究的内容，要求分 1、2、3、…几方面进行描述，文字力求简洁明了，不需要描述得太过详细。

"预期目标"：阐述本课题完成后的预期成果。要求分 1、2、3、…数项进行明确，且必须与"研究内容"所涉及的各个方面相互对应。同时明确申请专利个数及撰写论文篇数。

"开始时间"、"结束时间"：填写本项目实施开始时间及结束时间，一般项目的实施周期为一年。如"2017 年 1 月""2017 年 12 月"。

"承担单位"：地市公司项目填写申报单位名称；县公司填报"×××县供电有限公司"，不需要细化至单位部门。

"合作单位"：填写"待定"。

"项目负责人"：填写本申报课题项目负责人姓名。

"总经费"、"当年经费"：填写本项目预计费用，一般取整数。

"备注"：填写本项目联系人姓名，电话号码要求全号。项目负责人可以同时是项目联系人。

科技项目储备计划简表样式见表 2-9。

表 2-9   20××年××省电力有限公司科技项目储备建议计划简表（××单位）

序号	项目名称	项目属性	指南编号	项目类别	技术领域	存在问题及需求必要性说明	研究内容	预期目标（含专利、论文、技术标准）	开始时间	结束时间	承担单位	合作单位	项目负责人	总费用（万元）	当年费用（万元）	备注	项目联系人、电话
1	指南项目	指南项目××	研究开发	电力系统自动化技术	1.××××× 2.××××× 3.×××××	1.××××× 2.××××× 3.××××× …	1.××××× 2.××××× 3.××××× 4. 申请发明专利、实用新型专利×项。 5. 撰写论文×篇	20××年1月	20××年12月	国网湖州供电公司						张三13511 22×× ××
2																	

3 科技项目实施管理

3.1 项目实施管理的主要内容

科技项目实施管理是由科技管理部门根据下达的年度研究开发专项计划，组织项目承担单位依据签订的任务书（合同）或实施方案进行项目实施，并定期组织科技项目中间检查，对存在的问题进行监督整改，最终准备科技项目验收资料的一系列工作。科技项目实施管理的主要内容包括任务书签订、任务下达、跟踪实施、验收准备等方面，如图 3-1 所示。

```
任务书签订  →  任务下达  →  跟踪实施  →  验收准备
```

图 3-1 科技项目实施管理主要内容

科技项目任务书是在科技项目确定后，由实施单位对科技项目的目的、意义进行介绍，对完成该项目的具体措施、方法和研究进度做出计划安排的技术文书。它是科技项目实施单位与上级主管部门签订的合同文件。科技项目任务书主要用于重点科技项目，凡是承担国网总部、省控科技项目的实施单位，都必须按规定填报科技项目任务书。科技项目任务书包含项目简介、项目主要研究内容、预期目标及创新点、主要技术经济指标、分工安排及最终成果、进度计划内容及考核目标、项目经费、项目支付计划、保密要求、技术成果权益的归属和分享等方面。

科技项目实施方案是为完成某科技项目而制定的工作方案，是科技项目顺利实施的重要保障和依据。科技项目实施方案是对科技项目计划任务书的补充和细化，从目标要求、工作内容、方式方法及工作步骤等做出全面、具体而又明确的计划类文书。科技项目实施方案包含项目名称、项目周期、项目来源、项目必要性、项目研究内容及预期目标、项目技术方案、项目实施计划、项目设备清单及费用概算、项目资金计划、项目组成员及分工等方面。

1. 任务书签订

地县供电企业科技管理部门组织召开项目启动会，各项目承担单位编制项目任务书并逐级上报。项目归口管理单位依据研究开发费专项计划，按照要求组织科技项目任务书的编制（签订）工作。

2. 任务下达

各级项目归口管理单位汇总审核各单位上报的项目任务书并提交分管部门负责人，由科技管理部门负责人对上报的任务书进行审核，并在财务系统中释放和下达项目资金。

3. 跟踪实施

项目承担单位依据任务书组织项目实施，提供项目实施的必要条件，保证人员和设备投入，执行科技项目任务书的技术人员应按任务书（或合同）规定的工作时间投入研究工作。项目承担单位提出招标需求，并根据相关工程服务招标采购管理办法等采购要求确定项目协作单位。项目承担单位应按照项目计划和进度要求，编制科技项目季度执行情况表（包括项目执行情况、经费使用情况和项目研究进展等有关信息），向本单位科技管理部门上报，科技管理部门汇总后按季度逐级上报。

各级科技管理部门应定期组织科技项目中间检查，及时发布检查结果，对存在的问题监督整改。项目承担单位对项目执行过程中可能影响项目顺利完成的重大事项，如项目变更或计划调整等，应及时上报本单位科技管理部门审核，由本单位科技管理部门审核后上报上一级科技管理部门。审批通过后下达的项目变更通知作为变更后任务书的附件，项目承担单位据此调整项目实施，未经批准不得擅自变更。

不能按任务书执行或无法取得预期成果的科技项目，项目承担单位应及时向本单位科技管理部门上报，并由本单位科技管理部门向上级科技管理部门提出书面申请。需要终止的科技项目，在上级科技管理部门做出终止决定后一个月内，项目承担单位对已完成的工作进行总结，提出总结报告，并进行经费决算和财务审计，连同服务采购完成情况和项目阶段性研究成果一并报送本单位和上级科技管理部门和财务部门核批，并按要求办理后续事项。

4. 验收准备

各级项目管理部门依据科技项目验收与评价要求组织验收准备。

3.2　供电企业各类型科技项目实施管理要求

3.2.1　科技项目实施阶段管理要求

科技管理部门依据研究开发费专项计划，按照公司科技项目统一合同文本组织签订计划任务书。项目承担单位依据签订的任务书组织项目实施，提供项目实施的必要条件，保证人员和设备投入，执行科技项目合同的技术人员应按合同规定的工作时间投入研究工作。各项目由牵头或承担单位组织召开项目启动会，组织开展实施方案审查并按要求上报上级科技管理部门。

项目承担单位应按照项目计划和里程碑进度要求，编制项目执行情况、经费使用情况和项目研究进展等有关信息报表，并按季度上报科技项目执行情况表。项目所涉及物资采购按公司有关物资招标采购管理办法执行，涉及技术服务采购的按照相关工程服务招标采购管理办法执行。项目承担单位要实行严格的计划经费管理，对每一个项目单独设立会计科目进行核算，经费专款专用，不得挪作他用。项目经费按照年度核算和使用。

科技管理部门应定期组织科技项目中间检查，及时发布检查结果，对存在的问题监督整改，并按季度向上级科技管理部门上报。项目承担单位对合同执行过程中可能影响项目顺利完成的重大事项应及时报告。如需项目变更（经费、研究内容或完成时间），由项目承担单位提出书面申请，报上级科技管理部门审批，并及时办理合同变更手续；如需计划调整，需同时履行公司相关决策程序。审批通过后下达的项目变更通知作为变更后合同的附件，项目承担单位据此调整项目实施，未经批准不得擅自变更。不能按合同执行或无法取得预期成果的科技项目，项目承担单位应及时向科技管理部门提出书面申请。需要终止的科技项目，在科技管理部门做出终止决定后一个月内，项目承担单位对已完成的工作进行总结，提出总结报告，会同出资单位进行经费决算和财务审计，连同资产购置情况和项目阶段性研究成果一并报送相关科技管理部门和财务部门核批，并按要求办理后续事项。

3.2.2　群众性科技创新项目实施阶段管理要求

群众性科技创新项目承担单位应负责项目执行的具体组织工作，保证人员和设备投入；严格执行计划任务书或项目实施方案，保证目标的实现；按规定的内容和进度组织实施，接受归口管理部门和上级科技管理部门的检查；按计划任务书或实施方案中经费概算所列条目合理使用经费，严格控制项目会议费和外委费发生，会议费最高不得超过项目总经费的30%，外委费不超过20%。按要求向归口管理部门报告项目执行情况；项目研究结束后，按要求提出总结报告、经费使用及结算情况报告书等材料，接受验收、审计，在需要进行项目成果鉴定时，做好资料和现场测试准备工作。

在项目执行过程中，项目承担单位需要对其中规定的研究目标、内容、进度、经费、项目负责人等进行调整时，需向项目归口管理部门提出申请，在得到批准后方可实施。未经批准擅自进行调整的，一经发现，将对承担单位提出警告并限期改正。对擅自调整可能或已经造成项目不能按期完成、目标有重大修改而影响成果质量的，将视情况追究承担单位的经济责任，并取消该单位和项目主要负责人1～3年承担项目的资格。各承担单位应于每年12月底向科技管理部门报送群众性科技创新项目完成情况表。公司科技管理部门将对项目执行情况组织不定期检查，对未严格执行合同和未完成年度目标的项目承担单位，将在公司一定范围内通报。

项目承担单位要实行严格的计划经费管理，对每一个项目单独设立会计科目进行核算，经费专款专用，不得挪作他用。项目经费按照年度核算，不能跨年度使用。在项目执行过程中出现以下情况时，科技管理部门有权终止项目计划任务书：针对特定工程进行的项目，工程建设发生重大变化，项目研究内容无法实施或目标无法实现的；项目承担单位因主观原因致使任务无法正常执行的；项目延期超过半年仍无法完成的。若项目承担单位单方面终止计划任务或因非技术性主观原因造成项目无法完成的，科技管理部门有权追索全部已拨费用，同时项目承担单位承担相应的损失费用。

需要终止的群众性科技创新项目，在科技管理部门做出终止决定后一个月内，项目承担单位对已完成的工作进行总结，提出总结报告，做出经费决算，连同固定资产购置情况和项目阶段性研究成果一并报送归口管理部门和财务部门核批，并停止经费的使用。

3.3　科技项目实施管理流程

3.3.1　省公司科技项目实施管理流程

省公司科技管理部门是本流程的归口管理部门，项目管理流程如图 3-2 所示。

项目承担单位（包括省公司直属各项目承担单位和地县供电企业项目承担单位）启动项目实施并编制项目任务书，省公司科技管理部门汇总审核（地县级供电企业项目承担单位需将任务书报送地市级供电企业科技管理部门审核，审核通过后再上报省公司科技管理部门），通过后以公司年度综合计划的方式将项目下达给各承担单位。

项目承担单位根据项目需求编制非物资招标采购资料，省公司科技管理部门汇总审核（地县级供电企业项目承担单位需将采购资料报送地市级供电企业科技管理部门审核，审核通过后再上报省公司科技管理部门），通过后向省公司物资管理部门提交招标采购需求计划，由物资管理部门按照公司招投标管理流程组织招标，确定协作单位。

确定协作单位后，各项目承担单位开始组织项目实施，各级科技管理部门依照管辖权限对项目实施情况进行检查监督。项目承担单位需按季度逐级上报项目执行情况表和动态分析报告，省公司科技管理部门汇总执行情况表和动态分析报告，对项目整体进展进行管控。

项目实施过程中如需变更、调整或终止，需逐级提出书面申请，省公司科技管理部门进行汇总和审批。对通过审批的申请，省公司科技管理部门下达审批通过通知，对不符合要求和规定的申请予以驳回，项目承担单位依照审批结果继续开展项目实施。

项目完成后，项目承担单位需按计划整理验收资料，准备项目验收（通过省公司审批申请终止的项目，需办理结项手续）。

3.3.2　地市级供电企业科技项目实施管理流程

地市级供电企业科技管理部门是本流程的归口管理部门，项目管理流程如图 3-3 所示。

	省公司			地县供电企业
	科技管理部门	项目承担单位	物资管理部门	

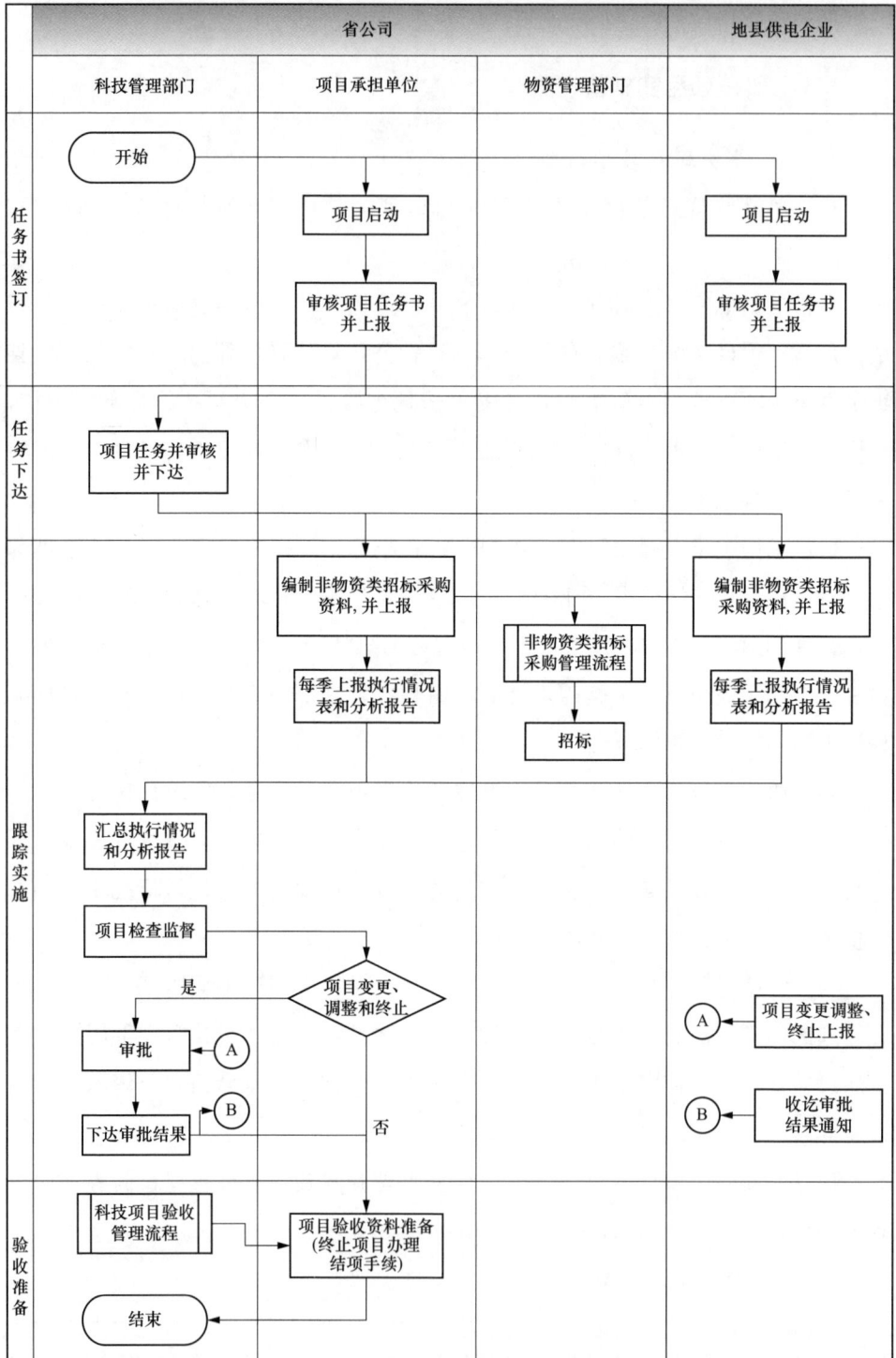

图 3-2 科技项目实施省公司管理流程

省公司		市级供电企业		县级供电企业
科技管理部门	物资管理部门	科技管理部门	项目承担单位	

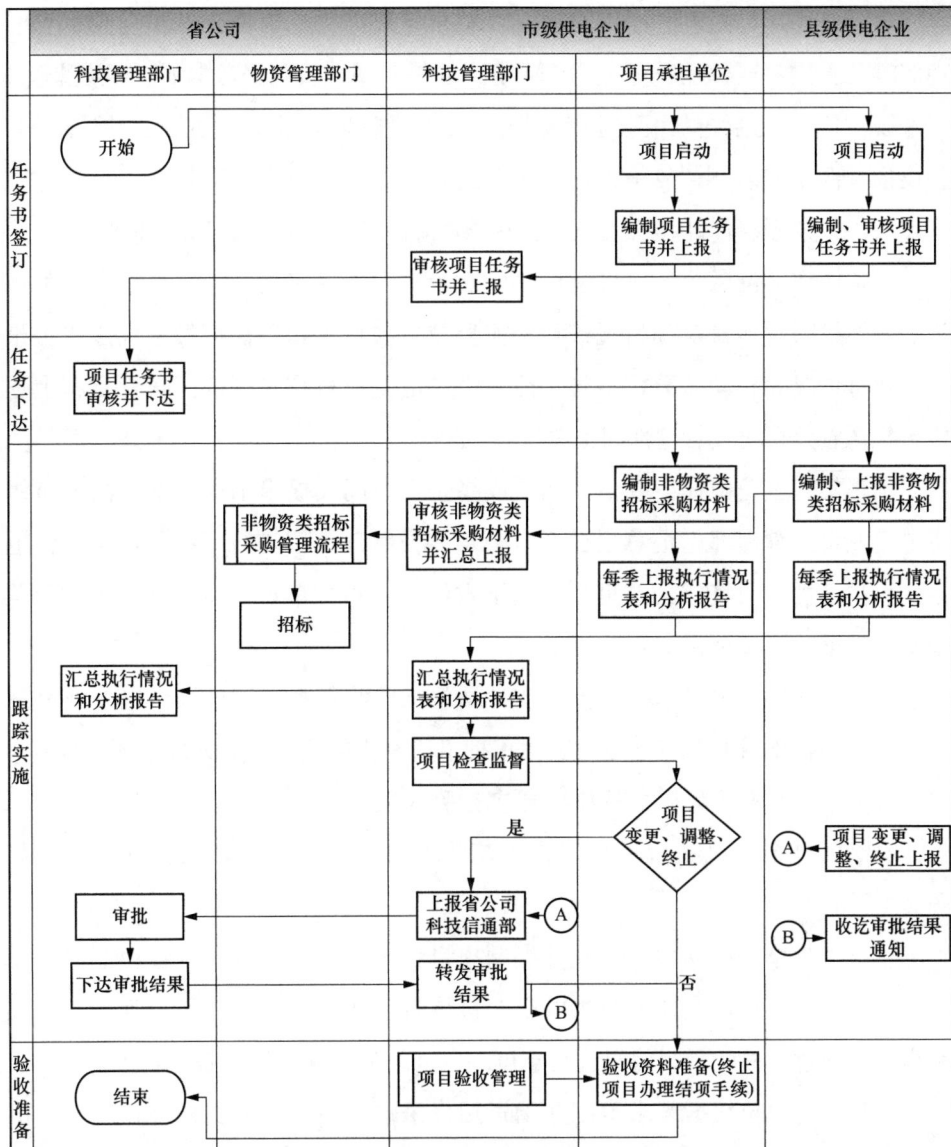

图 3-3 科技项目实施市级供电企业管理流程

项目承担单位（包括地市及供电企业直属各项目承担单位和县级供电企业项目承担单位）启动项目实施并编制项目任务书，地市供电企业科技管理部门汇总审核（县级供电企业项目承担单位需将任务书报送至本单位科技管理部门进行审核，审核通过后再上报至地市级供电企业科技管理部门），通过后上报至省公司科技管理部门进行审核，通过审核的项目将以公司年度综合计划的方式下达给各承担单位。

项目承担单位根据项目需求编制非物资招标采购资料，地市级供电企业科技管理部门汇总审核（县级供电企业项目承担单位需将采购资料报送本单位科技管理部门审核，审核通过后再上报至地市级供电企业科技管理部门），通过后上报至省公司科技管理部门审核，由省公司科技管理部门向省公司物资管理部门提交招标采购需求计划，由物资管理部门按照公司招投标管理流程组织招标，确定协作单位。

确定协作单位后，各项目承担单位开始组织项目实施，各级科技管理部门依照管辖权限对项目实施情况进行检查监督。项目承担单位需按季度逐级上报项目执行情况表和动态分析报告，地市级供电企业科技管理部门按规定将上述资料报送省公司科技管理部门汇总。

项目实施过程中如需变更、调整或终止，需逐级提出书面申请，由地市级供电企业科技管理部门汇总报送至省公司科技管理部门进行审批。地市级供电企业科技管理部门将省公司审批结果下发给项目承担单位，项目承担单位依照通知要求继续开展项目实施。

项目完成后，项目承担单位需按计划整理验收资料，地市级供电企业科技管理部门准备项目验收（通过省公司审批申请终止的项目，需办理结项手续）。

3.3.3 县级供电企业科技项目实施管理流程

县级供电企业科技管理部门是本流程的归口管理部门，项目管理流程如图 3-4 所示。

项目承担单位启动项目实施并编制项目任务书，本单位科技管理部门汇总审核，通过后上报，经地市级供电企业科技管理部门和省公司科技管理部门逐级审核，通过审核的项目将以公司年度综合计划的方式下达给各项目承担单位。

项目承担单位根据需求编制非物资招标采购资料，本单位科技管理部门汇总审核，审核通过后汇总上报，经地市级供电企业和省公司科技管理部门逐级审核后，由省公司科技管理部门向省公司物资管理部门提交招投采购需求计划，由物资管理部门按照公司招投标管理流程组织招标，确定协作单位。

确定协作单位后，项目承担单位开始组织项目实施，科技管理部门依照管辖权限对项目实施情况进行检查监督。项目承担单位需按季度报送项目执行情况表和动态分析报告报，本单位科技管理部门按规定将上述资料上报地市级供电企业科技管理部门。

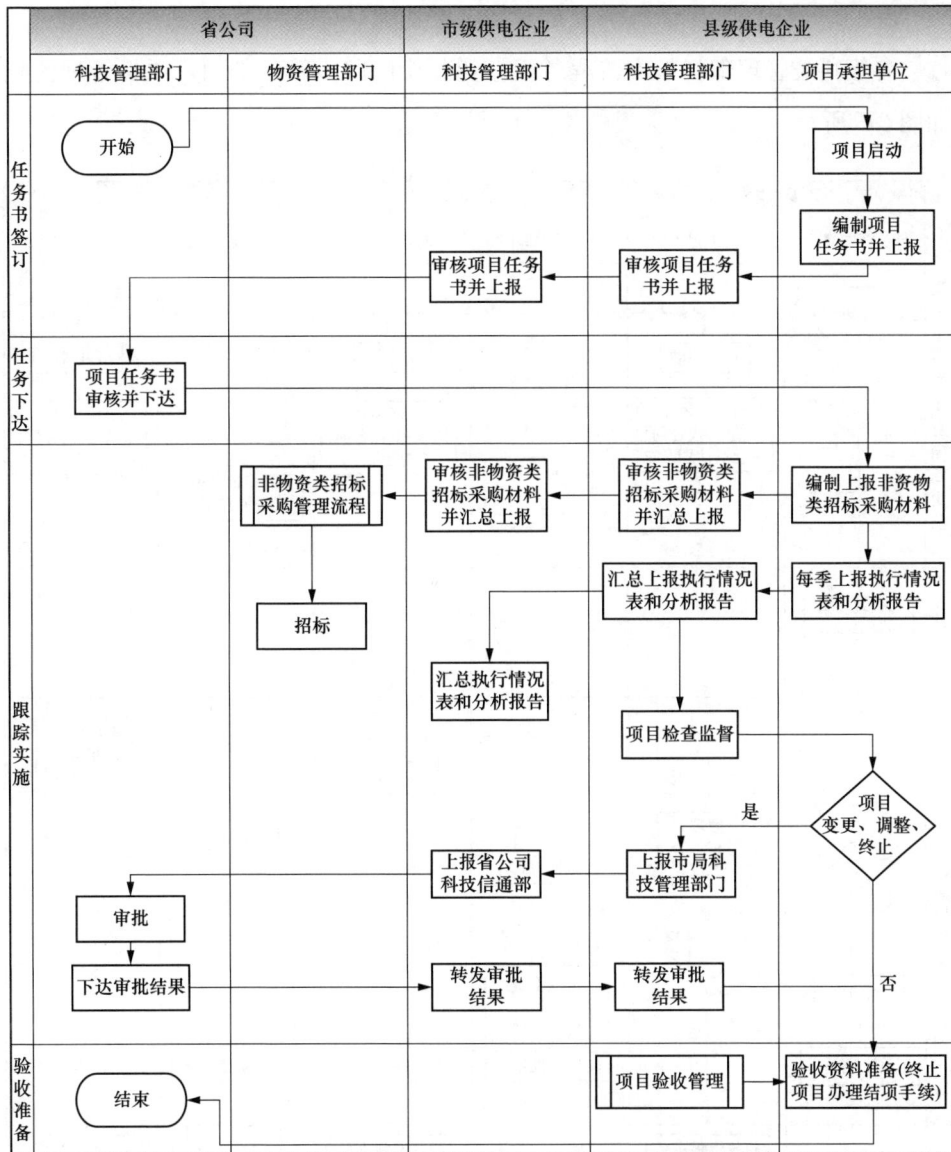

图 3-4　科技项目实施县级供电企业管理流程

项目实施过程中如需变更、调整或终止，需逐级提出书面申请，本单位科技管理部门汇总审核后逐级上报地市级供电企业科技管理部门、省公司科技管理部门审批，审批结果逐级下达，项目承担单位依照审批结果继续开展项目实施。

项目完成后，项目承担单位需按计划整理验收资料，准备项目验收（通过省公司审批申请终止的项目，需办理结项手续）。

3.3.4 群众性科技创新项目实施管理流程

各级科技管理部门是本流程各级企业相应的归口管理部门，项目管理流程如图 3-5 所示。

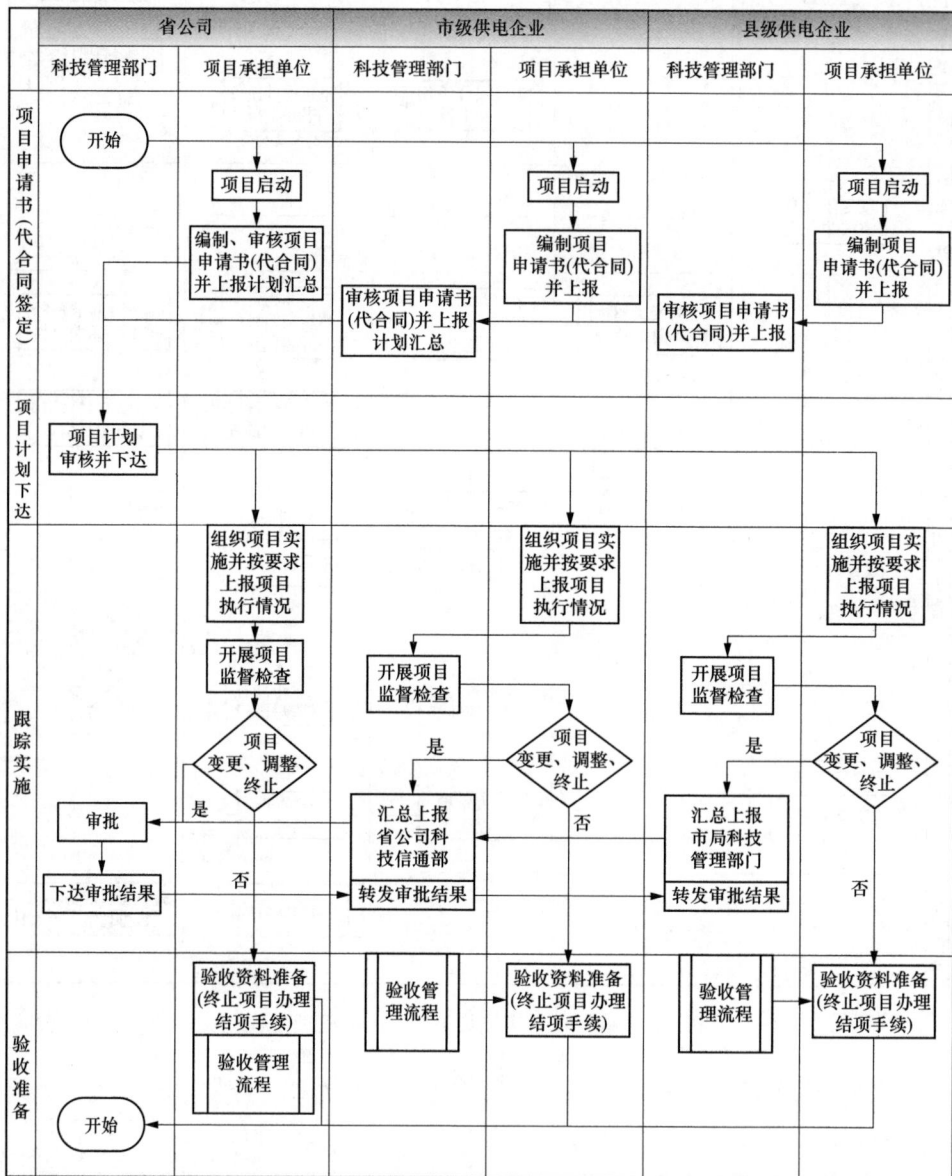

图 3-5 群众性科技创新项目实施管理流程

项目承担单位（包括省公司直属各项目承担单位和地县供电企业项目承担单位）启动项目实施并编制项目申请书，首先经本单位科技管理部门审核，汇总后再逐级上报审核，最终上送至省公司科技管理部门审核，通过后以公司年度综合计划的方式将项目下达给各承担单位。

各项目承担单位开始组织项目实施，各级科技管理部门依照管辖权限对项目实施情况进行检查监督，对项目整体进展进行管控。

项目实施过程中如需变更、调整或终止，需逐级提出书面申请，省公司科技管理部门进行汇总和审批。对通过审批的申请，省公司科技管理部门下达审批通过通知，对不符合要求和规定的申请予以驳回，项目承担单位依照审批结果继续开展项目实施。

项目完成后，项目承担单位需按计划整理验收资料，准备项目验收（通过省公司审批申请终止的项目，需办理结项手续）。

3.4　科技项目实施管理过程中的注意事项

按照下达的研究开发计划，组织各项目承担单位明确服务采购内容，尤其要按照上级科技管理部门通知的时间节点开展服务采购相关材料的填写申报（详见文档编写要求中服务采购编写要求）。服务采购申报材料上报后上级科技管理部门将组织专家进行采购方式和申报材料审查，审定后会返回各单位采购方式审定意见并要求对采购材料进行整改；各单位按要求修改服务采购申报材料并上报后，上级科技管理部门和物资管理部门将发出公告组织科技项目服务采购招投标工作，各单位科技管理部门需及时关注招标信息。中标结果公布后，各项目承担单位应在规定时间内开展相关合同签订等后续工作。

若有流标等情况，在时间允许的情况下上级科技管理部门会组织开展第二批和第三批次的科技项目服务采购。一般情况下各项目承担单位力求在第一批次的服务采购中完成相关服务采购工作，以免延误项目实施进度。合同签订要按国网总部规定的技术开发合同模版起草，并将中标通知书作为依据在经法管理系统中进行合同流转。

科技项目实施过程中要有序安排各项知识产权保护工作，在项目实施中间过程即可开展专利、软件著作权申请工作。同时，在服务采购和合同签订过程中也要明确与中标单位的知识产权权属关系。科技项目实施过程中，要按阶段做好项目相关过程管理及技术文档的编写和梳理工作。要按照相关档案管理办法规定的要求，在过程管理中收集整理相关科技档案，为项目验收结项做好准备工作。

每年年中科技管理部门有年中计划调整，各单位要结合自身项目实施实际情况，做好项目年中调整工作；项目计划或经费调整需提交科技项目变更申请表，并及时与上级管理部门做好沟通，切忌私自调整或未批先建等情况发生。项目的经费要严格按照计划任务书中的经费预算安排，在经费支出中要对照经费预算明细，经费支出要合理有据，年度经费支出要均衡发生。

3.5　科技项目实施文档编写要求

地县科技管理部门主要负责科技项目任务书的编制与签订、项目实施方案的编制与审查、项目物资和服务采购相关资料的编制与审查、项目外委合同签订等。

3.5.1　科技项目任务书编写要求

1. 封面

封面字体统一采用仿宋 _ GB 2312、3 号字体，具体说明如下：

"项目名称"：综合计划下达文件提供的项目名称。

"项目编号"：综合计划下达有编号，填写下达编号，如 5211UZ170008。

"起止时间"：20××年××月至 20××年××月。

"承担单位"：单位名称请按规范全称填写，并与单位公章一致，是指本项目第一承担单位，一般填写"××供电公司"，如"国网湖州供电公司"。

"项目负责人"：填写综合计划下达文件中提供的"项目负责人"姓名。

"联系电话"：例：0572-2426000。

"电子邮箱"：×××@××.×××。

2. 正文

表格内采用仿宋 _ GB 2312、小四字体，具体说明如下：

"项目名称"：综合计划下达文件提供的项目名称。

"单位"：单位名称请按规范全称填写，并与单位公章一致，如"国网浙江省电力有限公司湖州供电公司"。

"专业"：电力系统自动化、电气工程、信息通信，其他专业按人资专业分类填报。

"职称"：教授级高工、高工、工程师、助工、高技、技师、高级工、中级工、初级工。

"项目分类"：在对应项下打"√"。

"项目组人数"：仅填写项目承担单位人员人数，不要出现拟合作单位人员。

"参加单位数"：参加单位数应与"各单位分工情况"所列数目一致。

"研究起止年月"：按综合计划下达的时间填写，例：20××.××－20××.××。

"任务金额（万元）"：按综合计划下达的金额填写，例：××.××。

"项目内容摘要"：概述本课题主要研究的内容，要求分1、2、3、…几方面进行描述，文字力求简洁明了，主要描述进行何种研究、实现何种功能、研究使用效果等。

（1）……

（2）……

（3）……

……

"最终成果摘要"：阐述本课题完成后的预期成果，与研究内容摘要对应部分：要求分1、2、3、…数项进行明确，且必须与"研究内容摘要"逐条对应，并简要说明装置或系统、示范/应用及效果和效益、技术报告/技术方案/标准/规程、提交专利数。

（1）……（与研究内容摘要1对应）

（2）……（与研究内容摘要2对应）

（3）……（与研究内容摘要3对应）

……

"成果的主要技术经济指标摘要"：从节省人力、节约物资、缩短工时、多供电量、提高电网安全稳定运行、供电可靠率和优质服务等方面简单阐述。

3.5.2 科技项目实施方案编写要求

正文字采用体宋体5号、行间距16磅，具体说明如下：

"1. 项目名称"：综合计划下达文件提供的项目名称。

"2. 项目周期"：20××年××月××日至　20××年××月××日。

"3. 项目来源"：一般填写上级部门的计划行文。如：浙电发展［××××］××号《关于下达××××年国网浙江省电力有限公司综合计划的通知》。

"4. 项目必要性"：字数 300~400 字，主要介绍现状及存在问题，该项目实施后预期能给企业和电网带来的效益，包括管理效率、电网安全效益、经济效益等，能解决的问题及项目实施意义。

"5. 项目研究内容及预期目标"：分别从预期目标、成果形式两个方面展开阐述。

"5.1 研究内容"：概述本课题主要研究的内容，要求分 1、2、3、…几方面进行描述，文字力求简洁明了，主要描述进行何种研究、实现何种功能、研究使用效果等。

（1）……

（2）……

（3）……

……

"5.2 预期目标"：阐述本课题完成后的预期成果。要求分 1、2、3、…几方面进行明确，且必须与"研究内容"逐条对应。同时明确申请专利类型（实用新型/发明专利/外观专利）及个数，撰写论文篇数（如需发表需写明发表层次，如国际论文/中文核心期刊/一般期刊），形成管理制度（需发文，如为草稿请注明）等。

（1）……（与研究内容 1 对应）

（2）……（与研究内容 2 对应）

（3）……（与研究内容 3 对应）

……

（×）撰写/发表（国际论文/中文核心期刊/一般期刊）论文 X 篇，申请（实用新型/发明专利/外观专利）×项等。

……

"6. 项目技术方案"：描述技术研究和开发的总体思路和原则、总体技术路线及其涉及的关键技术，以及国内外类似技术研发的参考技术路线。如附装置/

系统结构或框架图，需对图示进行简要说明，附图居中，文字描述位于图的下方。

"7. 项目实施计划"：列出分季度计划研究内容；分季度提供成果的内容和形式，要具有可检查性，体现预期目标；跨年度项目自行在表格内按季度添加时间段及内容。项目实施计划表样表如表 3-1 所示。

表 3-1　　　　　　　　　　　项 目 实 施 计 划 表

序号	时间段	内容
1	20××年 1 月～20××年 3 月	
2	20××年 4 月～20××年 6 月	
3	20××年 7 月～20××年 9 月	
4	20××年 10 月～20××年 12 月	

"8. 项目设备清单及费用概算"：按表格中所列栏目进行填写，表格内字体五号宋体，居中；注意横向、纵向费用总和要能对应，金额精确到小数点后两位。如表 3-2 所示。

表 3-2　　　　　　　　　　项 目 设 备 清 单 及 费 用 概 算 表

研究开发费	用途	金额（万元）		合计（万元）
		××××年	××××年	
材料费	例："×××××"材料	××.××	××.××	××.××
外委研究支出费	例："××××项目"系统研发	××.××	××.××	××.××
知识产权费	例：专利申请、查新等	××.××	××.××	××.××
差旅费	例：项目联系、项目工作	××.××	××.××	××.××
会议费	例：项目联络、会议	××.××	××.××	××.××
培训费	例：技术与应用培训	××.××	××.××	××.××
资料费、印刷出版费	例：项目各种资料及编制印刷	××.××	××.××	××.××
测试与外协加工费	例：设备/软件测试、加工、安装等	××.××	××.××	××.××
材料费		××.××	××.××	××.××

"9. 项目资金计划"：按照季度为节点，对项目资金计划进行落实。如表 3-3 所示。

表 3-3　　　　　　　　　　　项 目 资 金 计 划 表

序号	费用发生事项	发生月份	季度预算（万元）
1	会议费 1（××会议）	例：2016.××（2016 年 1 季度）	××.××
2	差旅费 1（项目工作）	例：2016.××（2016 年 1 季度）	××.××
3	材料费	例：2016.××（2016 年 1 季度）	××.××
4	资料费 1	例：2016.××（2016 年 1 季度）	××.××
5	会议费 1（××会议）	例：2016.××（2016 年 1 季度）	××.××

"10. 项目组成员及分工"：介绍项目组成员，包括姓名、年龄、工作单位、职务、职称、专业和分工。表格内字体为五号宋体，居中，如表3-4所示。

年龄：××。

工作单位：如"国网浙江省电力有限公司湖州供电公司"。

职务：总经理、副总经理、××部主任、××部副主任、××公司总经理、××专职。

职称：教授级高工、高工、工程师、助工、高技、技师、高级工、中级工、初级工。

专业：电力系统自动化、电气工程、信息通信，其他专业按人资专业分类填报。

分工：项目负责人、项目策划、项目协调、项目实施、资料整理等，此为推荐填写。

表3-4　　　　　　　　　　项目组成员及分工

姓名	年龄	工作单位	职务	职称	专业	分工
张三	30	国网浙江省电力有限公司湖州供电公司	运维检修部主任	教授级高工	电力系统自动化	项目负责人

3.5.3　科技项目服务采购编写要求

科技项目服务采购所需要编制的文档为：科技项目服务采购申请表、科技项目服务采购申请汇总表、科技项目相关服务的概算细项、科技项目技术评标详评表、科技项目招标技术文件、科技项目投标人资质要求等文档。

1. 科技项目服务采购申请表编写要求

表格内字体统一为宋体、小四，行间距选择"单倍行距"，所有空格左对齐。具体要求如下：

"项目名称"：综合计划下达文件提供的项目名称。

"技术服务名称"：根据项目内容确定技术服务的名称，从以下四类选择一类：

（1）特定软件的开发。例：×××的研发，可以参考项目名称确定软件名。

（2）特定设备的试制。例：×××的试制，可以参考项目名称确定设备试制名。

（3）特定系统的搭建。例：×××系统平台的研发与试制，可以参考项目名称确定系统搭建名。

（4）其他类。

"主要内容"：体现由服务供应商提供的相关具体工作和结果，包含对设备的试制和系统的研发、现有设备和方法的改进、形成新的设备制造工艺或操作方法并对其进行测试与试验、提供权威机构出具的第三方测试或试验报告等。分小点对具体内容进行阐述。

1.……

（1）……；

（2）……；

……

2.……

（1）……；

（2）……；

……

"估算合同金额"：填写服务采购总费用估算金额，单位为"万元"。要求使用阿拉伯数字及中文大写两种方式来表示。例如：￥26 万元（贰拾陆万元整）。

"合作方确定方式"：根据各单位实际情况，从"公开招标"、"公开报名竞争性谈判"、"单一来源采购"中选择。

"合作方确定方式选择理由说明"（此段内容涵盖但不限于如下内容）：单位简介、资格证书（如果有）、合作方对项目的理解说明、类似项目经历和研究成果简介、项目团队人员组成及其在项目中的角色和工作内容、项目团队人员在类似项目经历和研究中的角色和工作内容、项目管理方案等。

"拟合作单位简介"：介绍拟合作单位的全称、业务范围、有关资质、荣誉、业绩等相关内容。

"资格证书"：列写拟合作单位的有关资格证书名称，资格证书提供扫描件附在申请表最后面。资格证书不限于如下内容，必备证书必须提供。

（1）企业营业执照（必备）；

（2）职业健康安全管理体系认证证书；

（3）环境管理体系认证证书；

（4）质量管理体系认证证书；

（5）高新技术企业证书。

……

"合作方对项目的理解说明"：拟合作单位针对本项目，对项目的研究内容、实施目标、实施效果等做出自己的认识和理解。

"类似项目经历和研究成果简介"：简要介绍拟合作方的类似项目经历和研究成果，突出业绩。

"项目团队人员组成"：仅填写拟合作单位成员，项目承担单位人员不能出现在表中。如表 3-5 所示。

表 3-5　　　　　　　　　项 目 团 队 人 员 组 成

序号	姓名	专业	职称	本项目中分工

"项目管理方案"：描述拟合作单位对该项目制定的管理方案，一般按以下内容填写。

（1）定期汇报制度。

（2）定期检查制度。

（3）……

"推荐合作方"：填写拟合作单位全称。

"项目责任单位审查意见"：一般填写"同意"。

2. 科技项目服务采购申请汇总表编写要求

表格内字体统一为宋体、12 号，行间距选择"单倍行距"，所有空格左对齐。科技项目服务采购申请汇总表如表 3-6 所示，填写说明如下：

"项目名称"：综合计划下达文件提供的项目名称。

"需提供技术服务名称"：根据申请表中确定的服务采购名称填写，如有多个服务采购则依次填写。

"合作方确定方式"：根据各单位实际情况，从"公开招标"、"公开报名竞争性谈判"、"单一来源采购"中选择，需与服务采购申请表中一致。

"外协单位名称"：填写拟合作单位全称，若合作方为高校请附加合作教授名称。

"服务合同估算金额"：填写服务采购估算金额，单位为"万元"。例如：¥26万元。

"合作方确定方式选择简要理由"：简要阐述选定的该拟合作单位的要求，限定100字以内。

"项目联系人及联系电话"：填写项目联系人姓名及移动电话号码，例如：张三1351122××××。

表 3-6　　　　　　　　　×× 公司科技项目服务采购申请汇总表

序号	项目名称	需提供技术服务名称	合作方确定方式	外协单位名称（若合作方为高校请附加合作教授名称）	服务合同估算金额	合作方确定方式选择简要理由	项目联系人及联系电话
1							
2							
3							

3. 科技项目相关服务的概算细项编写要求

表格内字体统一为宋体、12号，行间距选择"单倍行距"，所有空格左对齐。

相关服务的概算细项包含"总表"、"技术服务相关专用仪器、设备使用费"、"专用软件使用费"、"测试试验与加工费"、"材料费预算表"5个电子表格，如表3-7～表3-11所示。

根据表格的要求分别填写，费用单位为"万元"，注意总表中的金额必须与分表中金额对应。

表 3-7　　　　　　　　　　总　　　表

×××服务概算细项		
项目名称：×××	服务名称：：×××	
序号　　　费用名称	计算基础及计算公式（请在本栏填写详细值）	金额（元）
一　　直接费	（一）+（二）+（三）+（四）	
（一）　技术服务人工费		
范例　专职研究人员人工费	160人天×300元/人天	48000
（1）　专职研究人员人工费		
（2）　临时性研究人员人工费		

续表

×××服务概算细项

项目名称：×××　　　　　　　　　　服务名称：：×××

序号	费用名称	计算基础及计算公式（请在本栏填写详细值）	金额（元）
（二）	技术服务相关专用仪器、设备使用费		
范例	某设备	2台×2000元/台	4000
（1）	设备名称	台数×设备使用单价	
（2）	设备名称	台数×设备使用单价	
（三）	专用软件使用费		
范例	某软件	2套×2000元/套	4000
（1）	名称		
（2）	名称		
（四）	测试试验与加工费		
范例	×××的测试或加工	2套×2000元/套	4000
（1）	名称		
（2）	名称		
二	间接费		
（1）	材料费		
（2）	资料费		
（3）	印刷出版费		
（4）	项目管理	工作量（人天数）×标准人工日单价	
（5）	差旅费		
（6）	住宿费	住宿人日×××元/天	
（7）	交通费	双周次数×××元/天	
（8）	会议费		
（9）	场地使用费		
	小计	一＋二	

说明：（1）专职研究人员中，人员类型1为高级研究人员（含项目负责人、子项目负责人、项目骨干研究人员和其他高级研究人员），标准为1.5万～2万元/人月（标准1）；人员类型2为其他研究人员（含中初级研究人员、技术工人、博士后、研究生等其他研究人员），标准为1万～1.5万元/人月（标准2）。

（2）临时性研究人员包括单位实习生、社会短期聘用人员、兼职在校学生等，预算编制按照标准3（即2000～5000元/人月）执行。临时性研究人员总额按照三档控制，即在10万元、20万元、30万元以内，最高不得超过人工费总额的50%。

（3）住宿费标准和交通费取值标准：按相关规定执行。

表3-8　　技术服务相关专用仪器、设备使用费明细表

序号	设备名称	使用单价（万元/台件）	拟试试用量（台件）	总价（万元）	主要技术性能指标	使用理由和用途（与本项目、子项目关系）
1	××××	××.××		××.××		
2						
单价5万元以上设备合计						
单价5万元以下设备						
累计						

表 3-9　　　　　　　　　　　专用软件使用费明细表

序号	软件名称	使用单价 （万元/套）	数量 （套）	总价（万元）	主要技术 性能指标	理由和用途 （与本项目、子项目关系）
1	××××软件	××.××		××.××		
2						
单价 5 万元以上软件						
单价 5 万元以下软件						
累计						

表 3-10　　　　测试试验加工费（量大或价高的外协测试化验与加工项目）

序号	外委测试化验 与加工的内容	外委测试化验 与加工单位	计量单位	单价 （万元/单位数量）	外委测试化验与 加工费用（万元）
1				××.××	××.××
2					
其他外协测试化验与加工项目					
累计					

表 3-11　　　　　　　　材料费预算表（大宗或贵重的材料）

序号	材料名称	计量单位	单价（万元/单位数量）	总计（万元）
1				
2				
大宗或贵重材料合计				
其他材料				
累计				

4. 科技项目技术评标详评表编写要求

项目技术评标详评表主要填写服务采购的技术内容、分值、要求、评分标准，用于招标时对投标单位进行评分。

需要从提供的"技术评标标准"中，选择合适的"服务类型"及"评分因素及权重"，结合具体服务采购的有关技术要求，编制服务采购项目技术详评表。具体编写要求如下。

（1）"技术评标标准"分为 A、B、C、D 四类。

A 类：方案、课题、技术等研究、分析与推广类，评分内容包括投标人情况（包括标书响应完整性、企业资质等）、研究方向与技术要求、技术服务及项目团队实力、业绩要求（经验案例等）四个方面。

B 类：模型设计及软件系统开发、实施类，评分内容包括投标人情况（包括标书响应完整性、企业资质等)、技术性能要求、技术服务及项目团队实力、业绩要求(经验案例、系统稳定性等)四个方面。

C类：硬件设备设计开发、实施及集成类，评分内容包括投标人情况(包括标书响应完整性、企业资质等)、设备技术性能/指标、研发与集成服务、项目团队实力、业绩要求(供货或运行业绩、系统稳定性等)五个方面。

D类：运行维护类，评分内容包括投标人情况(包括标书响应完整性、企业资质等)、技术服务、培训、项目团队实力、业绩要求(供货或运行业绩、系统稳定性等)五个方面。

(2)"技术评标标准"中的A、B、C、D四类与服务采购申请表的"技术服务名称"，对应关系如下。

A类对应服务采购申请表"技术服务名称：其他类"。

B类对应服务采购申请表"技术服务名称：特定软件的开发类"。

C类对应服务采购申请表"技术服务名称：特定设备的试制类和特定系统的搭建类"；

D类对应服务采购申请表"技术服务名称：其他类"。

(3)采用公开招标、公开报名竞争性谈判的每个项目，根据服务采购申请表中的"技术服务名称"，选择对应的"技术评标标准"类型，编制项目技术详评表。

(4)项目技术详评表中填好的分值及类型不允许修改。

(5)表格内所填字体为宋体、10号、单倍行距。

(6)具体表格如表3-12~表3-16所示。

表 3-12　　　　　　　　技 术 评 标 标 准 表

技术、商务资信评审因数及权重				
类号	服务类型	评分因素及权重表单		
		项目	评分项目	满分值
A	方案、课题、技术等研究、分析与推广类	1	投标人情况(包括标书响应完整性、企业资质等)	10
		2	研究方向与技术要求	60
		3	技术服务及项目团队实力	20
		4	业绩要求(经验案例等)	10
			合计	100

续表

技术、商务资信评审因数及权重

类号	服务类型	评分因素及权重表单		
		项目	评分项目	满分值
B	模型设计及软件系统开发、实施类	1	投标人情况（包括标书响应完整性、企业资质等）	10
		2	技术性能要求	40
		3	技术服务及项目团队实力	35
		4	业绩要求（经验案例、系统稳定性等）	15
			合计	100
		项目	评分项目	满分值
C	硬件设备设计开发、实施及集成类	1	投标人情况（包括标书响应完整性、企业资质等）	10
		2	设备技术性能/指标	40
		3	研发与集成服务	15
		4	项目团队实力	15
		5	业绩要求（供货或运行业绩、系统稳定性等）	20
			合计	100
		项目	评分项目	满分值
D	运行维护类	1	投标人情况（包括标书响应完整性、企业资质等）	10
		2	技术服务、培训	35
		3	项目团队实力	35
		4	业绩要求（供货或运行业绩、系统稳定性等）	20
			合计	100

表3-13　　　　×××项目技术详评表（A类）

×× 供电公司"综合计划下达名称"项目

招标编号：××××××××××　　　　服务内容：//根据申请表中的服务采购名称填写

序号	内容	分值	要求	评分标准	投标人1	投标人2	投标人3
一	投标人情况	10					
1	投标资料完整性	3	标书相应及相关表格填写完整，无漏项	符合要求并齐全得3分，否则酌情扣分			
2	企业资质	7	需提交证明复印件				
二	研究方向与技术要求	60					
1							
2							

			××供电公司"综合计划下达名称"项目				
			招标编号：××××××××××	服务内容：//根据申请表中的服务采购名称填写			
序号	内容	分值	要求	评分标准	投标人1	投标人2	投标人3
三	技术服务及项目团队实力	20					
1							
2							
四	业绩要求（经验案例等）	10					
1							
2							
	总计	100					

表 3-14 ×××项目技术详评表（B 类）

			××供电公司"综合计划下达名称"项目				
			招标编号：××××××××××	服务内容：//根据申请表中的服务采购名称填写			
序号	内容	分值	要求	评分标准	投标人1	投标人2	投标人3
一	投标人情况	10					
1	投标资料完整性	3	标书相应及相关表格填写完整，无漏项	符合要求并齐全得3分，否则酌情扣分			
2	企业资质	7	需提交证明复印件				
二	技术性能要求	40					
1							
2							
三	技术服务及项目团队实力	35					
1							
2							
四	业绩要求（经验案例、系统稳定性等）	15					
1							
2							
	总计	100					

表 3-15 ×××项目技术详评表（C 类）

			××供电公司"综合计划下达名称"项目				
			招标编号：××××××××××	服务内容：//根据申请表中的服务采购名称填写			
序号	内容	分值	要求	评分标准	投标人1	投标人2	投标人3
一	投标人情况	10					

××供电公司"综合计划下达名称"项目

招标编号：×××××××××× 　　　　服务内容：//根据申请表中的服务采购名称填写

序号	内容	分值	要求	评分标准	投标人1	投标人2	投标人3
1	投标资料完整性	3	标书相应及相关表格填写完整，无漏项	符合要求并齐全得3分，否则酌情扣分			
2	企业资质	7	需提交证明复印件				
二	设备技术性能/指标	40					
1							
2							
三	研发与集成服务	15					
1							
2							
四	项目团队实力	15					
1							
2							
五	业绩要求（供货或运行业绩、系统稳定性等）	50					
1							
2							
	总计	100					

表 3-16　　　×××项目技术详评表（D 类）

××供电公司"综合计划下达名称"项目

招标编号：×××××××××× 　　　　服务内容：//根据申请表中的服务采购名称填写

序号	内容	分值	要求	评分标准	投标人1	投标人2	投标人3
一	投标人情况	10					
1	投标资料完整性	3	标书相应及相关表格填写完整，无漏项	符合要求并齐全得3分，否则酌情扣分			
2	企业资质	7	需提交证明复印件				
二	技术服务、培训	35					
1							
2							
三	项目团队实力	35					
1							
2							

××供电公司"综合计划下达名称"项目							
招标编号：××××××××××				服务内容：//根据申请表中的服务采购名称填写			
序号	内容	分值	要求	评分标准	投标人1	投标人2	投标人3
四	业绩要求（供货或运行业绩、系统稳定性等）	20					
1							
2							
	总计	100					

3.5.4 科技项目招标技术规范编写要求

（1）封面。

封面为固定格式，只允许填写服务采购名称及时间两个地方。服务采购名称字体为宋体小一，填写项目名称及服务采购名称，应与服务采购申请表中保持一致。例如：×××项目×××服务采购。时间填写招标技术文件的编制时间，字体为宋体、小一。

（2）正文。

正文字体为楷体_GB 23122，四号，行间距为1.5倍。招标技术文件为规范性文件，编写时应严格按照模版文本结构方式进行，编写说明如下：

"1.1基本规定"中"（2）"卖方为具备研究该项目能力的厂商，编写时可填写项目具体服务采购内容加厂商的方式。例如具备研究自动化设备运行工况在线评估系统能力的厂商，也可以简单地填"待定"。

"2.1项目背景"：主要从业务需求的角度简要回顾项目存在的必要性和可行性，可参照项目可行性研究方案填写。

"2.2项目建设要求"：提出项目总体要求和目标，可根据《项目服务采购申请表》中"主要内容"填写，要求包含所有服务采购内容。

"3.项目主要研究内容"：包含但不限于项目研究所需软硬件结构、配置、数量、功能、性能及应用范围等方面内容。

3.5.5 科技项目投标人资质要求编写要求

正文字体为楷体_GB 23122，四号，行间距为1.5倍。

"一、通用资质条件"：描述对投标人资质要求的通用条件，一般为固定格式，包含以下内容：

（1）中华人民共和国境内注册的企业法人或其他组织，并具备承担招标项目的能力。

（2）是具有 ISO 9001 质量保证体系认证证书及年检记录，具有 ISO 14001 环境管理体系认证证书及年检记录，具有 ISO 28001 职业健康安全管理体系认证证书及年检记录（高校或科研机构为非必要条件）。

（3）具有本次招标产品的生产许可证或国家规定的认证机构颁发的认证证书。

（4）投标人不应为国内设备/材料的代理商，实行经销商（代理商）制的设备/材料除外［实行经销商（代理商）制的设备/材料，制造商应提供产品营销模式证明］，但应满足以下要求：①投标人已得到制造商的充分授权；②投标人有能力按合同规定提供设备/材料维修、备品备件供应等技术服务；③提供投标人及制造商的营业执照等资格证明文件；④投标人应具有投标产品 3 年以上的成功代理经验（附证明材料），且 3 年内代理金额在 2000 万元及以上（金额可根据项目实际情况填写）；⑤一个制造商对同一产品仅能委托一个代理商参加投标。

（5）法定代表人为同一个人的两个及两个以上法人，母公司、全资子公司及其控股公司，只能有一家参加同一包（或子包）的投标。

（6）应有良好的财务状况和商业信用。

（7）提供的同类设备未因该设备原因出现过事故（或出现过事故，但已采取了有效的整改措施及善后处理，并得到国家电网公司系统的验证）。

（8）在国内设备供货合同执行过程中，未因严重质量问题而造成批量退货（退货量占合同金额 10％及以上）或严重影响施工，或出现过其他重大问题，但已采取了有效的整改措施及善后处理，并得到国家电网公司系统的验证。

（9）在国内设备供货合同执行过程中，未因货物或投标人图纸的交付拖延问题而严重影响施工和工程进度，或出现过其他重大问题，但已采取了他了有效的整改措施及善后处理，并得到国家电网公司系统的验证。

（10）在国内设备招投标活动、供货合同履行、售后服务及产品运行过程中，未受到系统通报批评或投诉。

（11）投标人必须具有生产投标产品所需的生产场地、生产设备、产品及元器件检测设备的能力。

（12）投标人对外购原材料、配套元件和外部委托加工及进口散装的部件应具备进行进厂验收所需的检测设备，或由材料供应商提供的检测合格证明。

"二、项目具体资质条件"：结合服务采购的具体内容，对投标人实施该项目的具体资质条件做出要求。内容一般如下：

（1）服务采购名称，应与《服务采购申请表》中保持一致。例如："×××"服务采购。

（2）投标人注册资本金须达×××万元及以上人民币（根据该项目服务采购的规模，提出对投标人注册资金的要求）。

（3）投标人要求……（根据项目实际情况填写投标人需具备与该项服务采购相关的理论研究及实践经验基础、具备的相关荣誉等）。

（4）投标人应具备类似项目经历和研究成果，应在投标文件中提供用户应用证明材料复印件。

（5）投标人应具有投标产品的研发与生产能力，能满足本项目的交货时间要求。

（6）具备国家有关部门规定的相应资质等级、生产许可证，通过有效的型式试验。

（7）具有完整的试验设备，具有同等电压等级及以上研发、设计、制造和出厂试验的能力。

（8）投标人提供其取得的其他相关证明材料。

3.5.6　技术开发（委托）合同编写要求

1. 封面

封面字体统一为方正仿宋_GBK、三号，填写说明如下：

"合同编号（甲方）"：填写委托方合同编号。

"合同编号（乙方）"：填写受托方合同编号。

"项目名称"：填写服务采购名称，与服务采购申请表中一致；

"委托方（甲方）"：填写国网×××供电公司/国网×××县供电公司。

"受托方（乙方）"：填写合作方单位全称。

"签订日期"：20××年××月××日，注意此处的签订日期应与签署页中的最迟签订日期保持一致。

"签订地点"：填写合同签署地名称，例：湖州。

2. 正文

正文字体统一为方正仿宋＿GBK，三号，单倍行距。

本合同文本适用于各单位签订的技术开发委托合同；当事人使用本合同书时约定无需填写的条款，应在该条款处注明"无"或划"/"；对本合同文本的任何修改或补充，当事人均应在"特别约定"条款中进行约定，除此之外不得直接对合同文本进行改动；所附合同范本中，部分条款已根据有关要求进行了规定，不允许擅自修改（文本黑体字部分），文中部分条款内容（蓝色字体部分）可根据实际情况进行填写。

对文本中的部分内容做以下编写说明：

"委托方（甲方）"：填写国网×××供电公司/国网×××县供电公司。

"受托方（乙方）"：填写合作方单位全称。

正文首行"鉴于甲方拟委托乙方研究开发_____项目"，这里填写服务采购的名称。

"1.4 技术开发期限"：填写格式为20××年××月—20××年××月。注意此限期应晚于服务采购中标通知时间，早于项目实施完成时间。

"3.1 本合同各方分别指定项目联系人"：填写甲、乙方项目联系人姓名、固定电话、移动电话。

"4.1 乙方应自行收集与本合同研究开发工作有关的基础资料。为保证乙方有效进行研究开发工作，甲方应当向乙方进行相应的技术交底并提供以下技术资料和其他协作：提供的时间和方式：____。"填写"合同签订后以纸质或电子介质形式分批次提供"；"其他协作事项：____。"填写"甲乙双方根据项目需要协商解决"。

"4.2 本合同履行完毕后，甲方向乙方提供的技术资料按以下方式处理：_____。"：填写"项目完成后交还甲方"。

"5.2 除质保金外，其余研究开发经费按照以下第__种方式支付："：这里推荐按照第 3 种方式（即其他方式）支付。

第 3 种支付方式按照当年项目及跨年度项目分为两种，编写时根据项目的实际情况填写，或者根据财务审计部门的要求编制。

【例1】

当年项目：20××年，乙方在合同签订后两周内提供全额经费（××.××万元）发票，甲方在收到发票后的两周内支付全额经费的20%（××.××万元）给乙方；乙方完成考核目标任务，提交相关资料后的两周内甲方支付全额经费的70%（××.××万元）给乙方；项目通过验收后两周内甲方付清余款（××.××万元）。

跨年度项目：20××年，乙方在合同签订后两周内提供当年经费（××.××万元）发票，甲方在收到发票后的两周内支付当年经费的20%（××.××万元）给乙方；乙方完成年度考核目标任务，提交相关资料后，甲方在两周内付清当年余款（××.××万元）。20××年（第二年），乙方第一季度提供当年经费（××.××万元）的发票，甲方在收到发票后的两周内支付当年经费的20%（××.××万元）给乙方，乙方完成考核目标任务，提交相关资料后的两周内甲方支付当年经费的70%（××.××万元）给乙方；项目通过验收后两周内甲方付清余款（××.××万元）。

【例2】

当年项目：20××年，根据实际工作完成程度，甲方可予以支付最高不超过90%的当年工程进度款；通过项目验收后，甲方向乙方支付当年剩余合同价款。

跨年度项目：20××年，根据实际工作完成程度，甲方可予以支付最高不超过90%的当年工程进度款；通过合同中期验收后，甲方向乙方支付当年剩余合同价款。20××年，根据实际工作完成程度，甲方可予以支付最高不超过90%的当年工程进度款；通过项目验收后，甲方向乙方支付当年剩余合同价款。

【例3】

当年项目：根据实际工作完成程度，甲方可予以支付最高不超过90%的当年工程进度款；通过项目验收后，甲方向乙方支付当年剩余合同价款。

"8.2研究开发成果交付的时间及地点"：按照"年月、单位名称"来填写，例如：20××年××月，国网×××供电公司。

"9.1研究开发成果的验收标准"：填写研究成果涉及技术领域的名称。例如：参照国家××××相关标准。

"9.2 研究开发成果的验收方法"：可填写"专家验收会"。

"9.3 验收的时间和地点"：可填写"由甲方指定"，或拟定具体的地点和时间。

"11.1 本合同履行过程中，因出现现有技术水平和条件下难以克服的技术风险，导致研究开发失败或部分失败的，合同双方按以下约定承担风险和损失"：这里可填写"双方共同承担技术风险"。

（3）特别约定。

本特别约定是合同各方经协商后对合同其他条款的修改或补充，如有不一致，以特别约定为准。

"17.1 款中增加内容：本合同的所有附件为本合同不可分割的组成部分，与合同正文具有同等效力。"

"乙方应向甲方开具合法合规的增值税专用发票，适用税率为__%，不含税价__元，税额__元。（按具体情况填列）"

"乙方须在开票之日起__日内将发票送达甲方；发票传递方式为（2）。（1）专人送达；（2）邮寄方式。具体明细如下。

邮寄地址：浙江省湖州市凤凰路777号（举例）；

接收人：张三；联系方式及电话：1351122××××。"

"合同因变更等原因涉及开具红字增值税专用发票时，乙方须协助配合。"

"{因乙方开具发票不合法不合规引起涉税问题以及逾期、遗失等原因造成发票无法认证的，应向甲方承担赔偿责任，按照损失和处罚金额向甲方支付赔偿款。"

"若国家政策调整，则按新政策执行。"

3. 附件一

（1）技术开发人员表的字体为方正仿宋_GBK，四号，单倍行距。

（2）仅填写乙方人员，甲方人员不能出现在表中。职称：教授级高工、高工、工程师、助工、高技、技师、高级工、中级工、初级工。职务：按乙方人员实际职务填写。专业：按乙方人员从事专业填写。承担的主要工作：体现乙方人员承担的技术开发工作内容。投入时间：根据参与技术开发际时间，填写相应月数。

4　科技项目验收管理

科技项目的验收工作是指项目计划目标、任务基本完成后进行的一系列验收与评价管理工作。凡纳入公司研究开发费计划的公司管理科技项目（以下简称项目），均应按规定开展验收工作。

4.1　科技项目验收注意事项

总部管理科技项目由总部组织验收，省公司管理科技项目由省公司组织验收，群众性科技创新项目及县公司科技项目受省公司委托由地市公司组织验收，验收组织牵头部门为单位科技管理部门。

科技项目验收的程序是项目完成后，由项目组对照项目计划任务书规定的内容对项目完成情况进行总结和评价，并形成自验收意见，然后按照科技项目验收资料文档的要求（各类型科技项目的验收资料文档要求后有述及）编制项目验收资料，验收资料完成后向单位科技管理部门提交验收申请，同时在科研项目管理系统中提交验收申请，由相应的验收组织单位审查合格后组织项目验收并给出验收结论，项目验收通过后项目组应将所有项目验收资料及验收报告交本单位档案管理部门归档。

验收单位组织验收委员会对项目完成情况进行总结和评价，并形成验收结论。项目验收的主要内容是审查验收资料的规范性、完整性；计划任务书规定的研究内容和预期目标的完成情况；项目取得的成果、知识产权和应用前景；项目经费使用的合理性、规范性。

项目验收结论分为通过验收、同意结题、重新审议和不通过验收。完成合同规定的任务、达到合同规定的预期目标、经费使用合理，视为通过验收；由于不可抗力造成合同无法全部执行，或完成了合同规定的主要目标，而其他目标无法继续完成的，视为同意结题；由于提供文件资料不详难以判断，或目标任务完成不够，原因难以确定等导致验收结论争议较大的，视为重新审议。若存在以下情况之一者，视为不通过验收：未达到合同规定的主要技术、经济指标；提供的主要验收资料不真实；未经科技管理部门批准对项目研究的内容、目标、技术路线等进行了较大调整；研究过程及结果存在纠纷尚未解决；经费使用中存在严重问题。

4.1.1　项目验收应具备的条件

项目组对照项目计划任务书规定的内容对项目完成情况进行总结，认为项目已完成计划任务书规定的任务，并达到了规定的预期目标。项目组已按照科技项目验收资料的要求完成所有验收资料的编制并提交了验收申请。一般情况下，项目组应在项目计划任务书规定的完成时间后 3 个月内提出验收申请，在超过任务书规定时间 3 个月仍不具备验收条件的项目，需提出延期验收申请。项目验收组织单位按照项目验收申请在每年会编制下达验收计划，项目实施单位应按照项目验收计划做好项目验收的准备和配合工作。

4.1.2　项目验收应提交的验收资料

科技项目（总部管理科技项目、省公司管理科技项目、县公司科技项目）分类一般分为研究开发类、推广应用类、软课题研究类、技术标准类等四类。

研究开发类项目应准备的验收资料主要包括项目工作报告、技术报告、第三方测试报告（需要测试的项目）、用户使用报告、经济和社会效益分析报告、项目经费决算报告、第三方审计报告、其他支撑与证明材料等。

推广应用类项目应准备的验收资料主要包括项目工作报告、第三方测试报告（需要测试的项目）、用户使用报告、经济和社会效益分析报告、项目经费决算报告、第三方审计报告、其他支撑与证明材料等。

软课题研究类项目应准备的验收资料主要包括项目工作报告、软课题研究成果报告、项目经费决算报告、第三方审计报告、其他支撑与证明材料。

技术标准类项目按照公司技术标准管理办法的要求提交相关资料，同时提交项目经费决算报告和项目第三方审计报告。

群众性科技创新项目验收资料主要包括：项目完成情况表（代验收申请）；项目工作技术报告，主要包括项目技术原理、试验与计算的方法与结果、项目成果、结论等；项目固定资产一览表（若有）；项目应用及效益分析报告。如项目内容为设备、装置、产品和软件，原则上需同时提供设计书、使用说明书、检测试验报告、用户使用证明，以及专利申请材料等。

4.1.3 科技项目验收的组织

科技项目验收申请提交后，由项目相应验收单位的科技管理部门对项目验收申请资料进行预审，预审合格后依据公司《科技项目专家咨询管理办法》，遴选符合要求的技术专家、科技管理专家和财务专家7～11人组成验收委员会，并发布验收会议通知，对项目进行验收。项目组在收到验收通知后，应完成项目汇报幻灯片和项目完成情况汇总表等材料。

群众性科技创新项目验收申请提交后，由本单位科技管理部门对项目验收申请资料进行预审，预审合格后根据项目对象、内容的具体情况，按照权威性、针对性、代表性、互补性和回避原则，遴选符合要求的项目管理人员、熟悉项目情况和相关技术领域的科技专家和财务人员5～7人组成验收小组，并发布验收会议通知，对项目进行验收。

验收会议由验收组织单位主持召开，主要议程包括：在验收委员会主任的主持下，由项目组做项目汇报（项目汇报幻灯片）；验收专家检查项目验收资料并讨论质询，项目组答疑；验收委员会对项目完成情况进行总结，对总体技术水平及应用价值和推广前景做出评价，提出项目存在的问题及改进意见；最后形成验收结论，全体委员签字确认。

4.1.4 科技项目验收资料归档

科技项目验收前，项目组提交给单位科技管理部门的验收资料中第三方测试报告（需要测试的项目）、用户使用报告、经济和社会效益分析报告、项目经费决算报告、第三方审计报告、其他支撑与证明材料必须是原件，验收组织单位在验收会上要对资料的真实性进行审查。在验收结束后，单位科技管理部门应将项目工作报告、技术报告打印稿和上述项目资料原件以及项目计划任务书的原件，加上验收组织单位出具的项目验收报告原件统一移交单位档案管理部门归档，同时在科技管理系统中提交归档资料。

1. 科技项目工作报告

科技项目工作报告是指对科技项目实施结果的总结论，分析存在的问题和取得的成效，提炼经验教训，是用于指导下一阶段工作的一种书面文体。

科技项目工作报告包含项目概述、项目概况、项目的组织和启动、项目计划和进度管理、项目实施和控制管理、项目的主要创新点、系统实施前后对比、存在的问题及对今后工作的建议、项目推广前景和价值等方面。

2. 科技项目技术报告

科技项目技术报告是描述科技项目研究过程、进展和结果，或者科研过程中遇到问题的文档。

科技项目技术报告包含项目概述、设计思路和原则、总体技术路线及关键技术等、装置（系统）结构和框架装置、系统功能和性能介绍、技术特点、技术上存在的需要改进的地方等方面。

3. 科技项目用户使用报告

科技项目用户使用报告是科技项目的使用单位对该项目所形成的装置、系统等使用情况的总结和评价的文档。

科技项目用户使用报告包含使用起始时间、使用地点和范围、使用单位和人员、使用效果评价等方面。

4. 科技项目经济和社会效益分析报告

科技项目经济和社会效益分析报告是科技项目实施单位对该项目应用后已产生的经济效益和社会效益进行分析，并对预期的效益进行合理地描述的文档。

科技项目经济和社会效益分析报告包含项目概述、项目投资及投入人力资源分析、项目已产生经济和社会效益分析、项目推广应用前景及预计经济和社会效益分析等方面。

5. 科技项目验收报告

科技项目验收报告是上级科技项目管理单位根据有关标准，按照一定程序，对所要验收的科技项目的性能、效果以及完成情况出具的书面报告。

科技项目验收报告包含项目内容、项目取得的成果及达到的技术性能指标、项目的效益分析及推广应用计划、项目验收资料清单、项目申请专利情况及计划安排、项目验收资料审查意见、项目验收测试意见、项目验收专家意见、完成情况汇总表等方面。

4.2 科技项目验收管理流程图

4.2.1 科技项目验收与评价省公司管理流程（总部项目验收管理流程图）

各级科技管理部门是科技项目验收与评价管理的归口部门。

申请验收阶段，省公司项目由省公司承担单位申请项目验收，由省公司财务部对项目进行财务决算、由省公司审计部对项目进行审计，最后由承担单位填报验收申请和验收资料至省公司科技管理部门；地县公司项目由地县公司审核并上报验收申请和验收资料至省公司科技管理部门。

验收实施阶段，先由省公司科技管理部门对本单位和市县公司上报的验收申请和验收资料进行审核、组织验收并形成验收报告，然后由省公司科技管理部门确定是否为国网总部管理项目，如是则向国家电网公司科技管理部门提交验收申请，由国家电网公司科技管理部门组织验收并根据验收情况形成验收报告，如不是则直接进入归档阶段。

归档阶段，由省公司科技管理部门完成验收资料归档。

科技项目验收与评价省公司管理如图 4-1 所示。

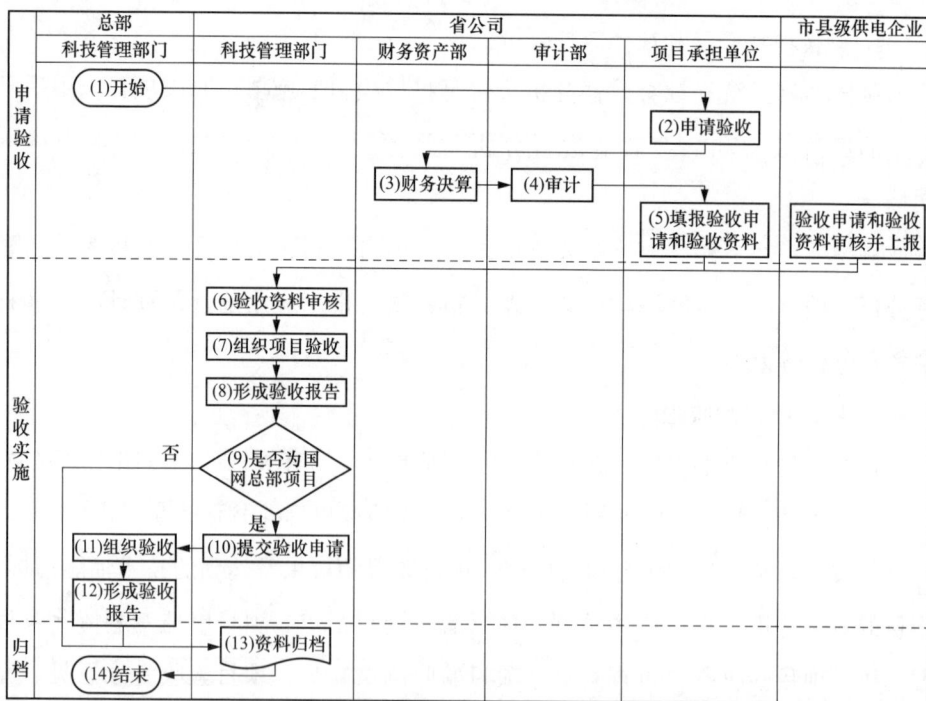

图 4-1 科技项目验收与评价省公司管理流程

4.2.2 科技项目验收地市公司管理流程

申请验收阶段，地市公司项目由地市公司项目承担单位申请项目验收，然后由市公司财务部对项目进行财务决算、由市公司审计部对项目进行审计，最后由市公司科技管理部门对验收申请和验收资料进行审核；县公司项目由县公司审核并上报验收申请和验收资料至市公司科技管理部门，再由市公司科技管理部门对验收申请和验收资料进行审核。市公司对验收申请和验收资料审核完成后上报至省公司。

验收实施阶段，由省公司对上报的验收申请和验收资料进行审核、组织验收并形成验收报告，然后由省公司确定是否为国网总部管理项目，如是则向国家电网公司科技管理部门提交验收申请，最后由国家电网公司科技管理部门组织验收并根据验收情况形成验收报告，如不是则直接进入归档阶段。

归档阶段，由省公司完成验收资料归档。

科技项目验收与评价市公司管理流程如图 4-2 所示。

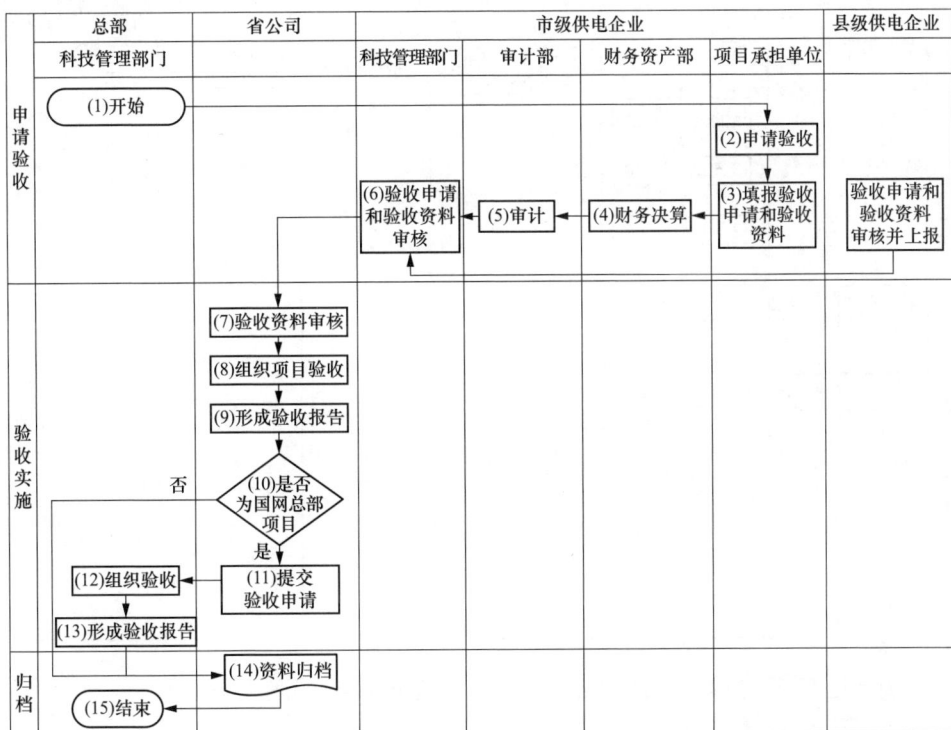

图 4-2 科技项目验收与评价市公司管理流程

4.2.3 科技项目验收县公司管理流程

申请验收阶段，由项目承担单位申请项目验收，填报验收申请和验收资料，然后由县公司财务部对项目进行财务决算、由县公司审计部对项目进行审计，最后由县公司科技管理部门对验收申请和验收资料进行审核并上报至市公司科技管理部门。

验收实施阶段，由市公司科技管理部门对上报的验收申请和验收资料进行审核、组织验收并形成验收报告，然后由市公司科技管理部门确定是否为国家电网总部管理项目，如是则向国家电网公司提交验收申请，如不是则直接进入归档阶段。

归档阶段，由市公司科技管理部门完成验收资料归档。

科技项目验收与评价县级供电企业管理流程如图 4-3 所示。

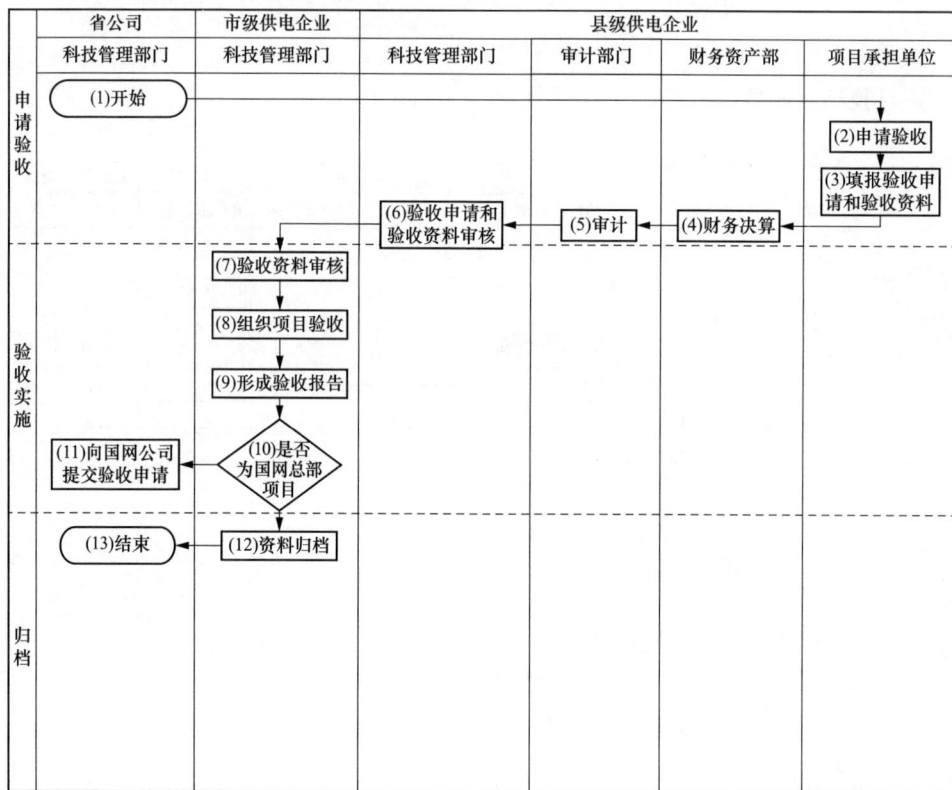

图 4-3 科技项目验收与评价县级供电企业管理流程

4.2.4 群众性科技创新项目验收市公司管理流程

申请验收阶段，由项目承担单位申请项目验收，提交项目验收资料，然后由地市公司财务部对项目进行财务决算、由地市公司审计部对项目进行审计，最后由地市公司科技管理部门对验收申请和验收资料进行审核。

验收实施阶段，由市公司科技管理部门对组织项目验收核并形成验收报告。

归档阶段，由市公司科技管理部门完成验收资料归档，形成群众性科技创新项目工作总结报告，上报至省公司科技管理部门。管理流程如图 4-4 所示。

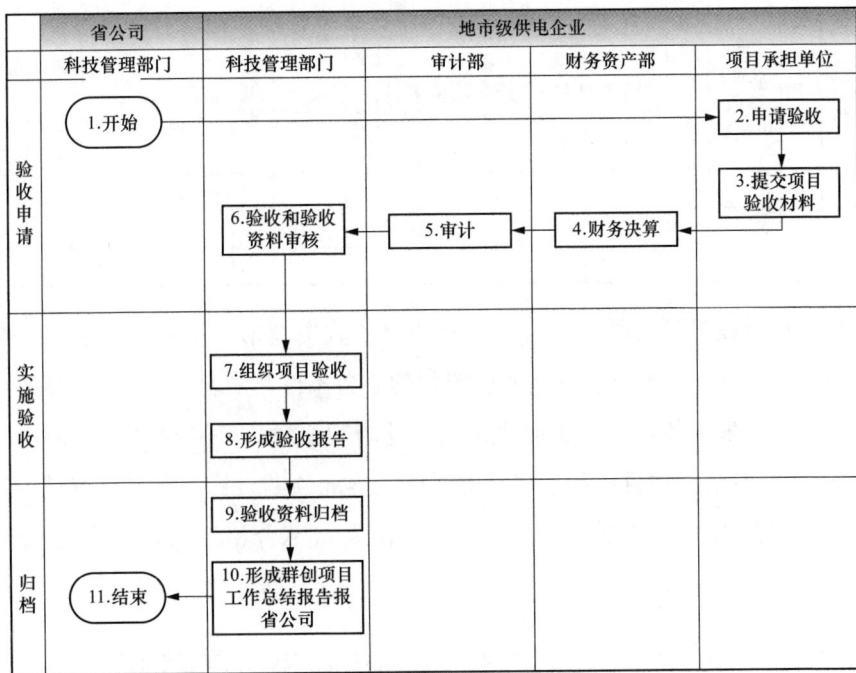

图 4-4　群众性创新项目验收地市公司管理流程

4.3　科技项目验收资料文档编写要求

科技管理部门在科技项目验收阶段主要负责全套科技项目验收资料文档的汇总和审查工作，包括形式审查汇总表、验收申请表、工作报告、技术报告、测试报告、用户使用报告、经济和社会效益分析报告、经费决算报告、项目完成情况汇总表、项目验收报告（草稿）、项目总结报告幻灯片等。

4.3.1　科技项目验收资料形式审查汇总表编写要求

科技项目验收资料形式审查汇总表是省公司管理科技项目验收资料的必备条件，如表 4-1 所示。特殊项目（如软课题等）无法提供测试报告、用户使用报告的，可以不提供。上述材料必须准备齐全并在相应的列中打"√"。同时结合项目计划任务书规定的研究内容和预期目标，在"审查结论"一列中填写"合格"或"不合格"。形式审查为"不合格"时，不得进行项目验收。

表 4-1　　　　　　　　　科技项目验收资料形式审查汇总表

序号	项目名称	完成单位	（申请单位盖章）验收申请表	项目任务书	工作报告	技术报告	第三方测试报告（第三方、签章）	用户使用报告（使用单位盖章）	（财务盖章）经济和社会效益分析报告	项目经费决算报告（财务盖章）	审计报告	完成情况汇总表	相关合同（PDF扫描件）	（查新、论文、专利等）其他材料	验收报告（草稿）	审查结论
1																
2																
3																

县公司科技项目及群众性科技创新项目验收资料形式审查汇总表是县公司科技项目及群众性科技创新项目验收资料的必备条件，如表 4-2 所示。特殊项目无法提供测试报告的，必须说明理由。上述材料必须准备齐全并在相应的列中打"√"。同时结合项目任务书规定的研究内容和预期目标，在"审查结论"一列中填写"合格"或"不合格"。形式审查为"不合格"时，不得进行项目验收。

表 4-2　　县公司科技项目及群众性科技创新项目验收资料形式审查汇总表

序号	项目名称	完成单位	（财务、审计、申请单位盖章）验收申请表	项目任务书	工作报告	技术报告	第三方测试报告（第三方、签章）	使用情况报告（使用单位盖章）	（财务盖章）经济和社会效益分析报告	项目经费决算报告（财务盖章）	完成情况汇总表	相关合同（PDF扫描件）	（查新、论文、专利等）其他材料	验收证书（草稿）	审查结论
1															
2															
3															

4.3.2　科技项目验收申请表编写要求

项目组根据项目性质，选择相应的项目验收申请表进行填写。

（1）表格内字体统一为宋体、小四，行间距选择"单倍行距"，左对齐。

（2）"项目名称"：省公司综合计划下达文件提供的项目名称。

（3）"计划编号"：

1）省公司综合计划下达有编号，则填写省公司下达编号，如 ZDK 060-2011。

2）省公司综合计划下达无编号，则填写 SAP 号，如 5211U2110005。

（4）"完成单位"：

1）省控科技项目填写"国网×××供电公司"，如"国网湖州供电公司"。

2）市公司群创项目填写承担部门名称，如"国网湖州供电公司信息通信分公司"。

3）县公司科技项目及群创项目填写县级供电企业名称，如"国网浙江安吉县供电有限公司"。

（5）"项目负责人"：填写省公司综合计划下达文件中提供的"项目负责人"姓名，如"项目负责人"有调整需提供相关证明或说明缘由。

（6）"项目参加人员"：

1）省控科技项目填写省公司任务书中的参加人员姓名。

2）县公司科技项目及群创项目填写申请书中参加人员姓名。

3）所有人员姓名以"、"隔开，名字中间不用空格隔开（正确"张三、李四、王小明"，错误"张三、李四、王小明"）。

（7）"计划起止年月"：省公司综合计划下达的项目实施时间，格式如"2011 年 1 月—2012 年 6 月"。

（8）"投入试运时间"：以项目实际投入试运行时间为准（无需明确到日），格式如"2012 年 3 月"。

（9）"试运考验结束时间"：以项目实际试运行结束时间为准（无需明确到日），格式如"2012 年 6 月"。

（10）"累计试运时间"："试运考验结束时间"与"投入试运时间"之间时间差，格式如"3 个月"。

（11）"计划经费总额（万元）"：

1）省控科技项目及市公司群创项目填写"拨付"一栏。金额以省公司计划下达为准，精确到小数点后两位，如"49.00"，"自筹"栏不用填写。

2）县公司科技项目及群创项目填写"自筹"一栏。金额以省公司计划下达为准，精确到小数点后两位，如"49.00"，"拨付"栏不用填写。

（12）"实际使用经费（万元）"：

1）省控科技项目及市公司群创项目填写"拨付"一栏。金额以 SAP 实际发生数为准，精确到小数点后两位，如"48.55"，"自筹"栏不用填写。

2）县公司科技项目及群创项目填写"自筹"一栏。金额以 SAP 实际发生数为准，精确到小数点后两位，如"48.55"，"拨付"栏不用填写。

（13）"项目完成简况"：

1）项目整体执行情况。按以下模板填写：本项目严格遵照"项目名称"项目任务书或项目实施方案，按时完成本项目相关工作。

2）项目取得的成果或创新点。简单描述项目成果或创新点。如项目进行了查新，按照查新报告最后一段查新结果填写。

3）项目知识产权情况。项目实施期间共形成论文×篇，如有发表注明普通期刊、中文核心期刊或更高层次；项目获得实用新型专利受理×项（其中授权×项），发明专利受理×项（其中授权×项）。项目获得软件著作权受理×项（其中授权×项）。其他知识产权情况参照填报。

（14）申请验收单位意见。

1）填写"同意上报"，并盖公司章。注意日期填写，如：20××年××月××日。

2）县公司项目及群创项目目前不用提供"审计报告"，因此增加"申请验收单位财务意见""申请验收单位审计意见"。填写要求同 14.1"申请验收单位意见"。

4.3.3 科技项目工作总结报告编写要求

应涵盖项目组织过程、里程碑事件、取得的成果和创新点、经费使用情况、后续研究展望等，简明扼要、字体适中（正文字体为四号或小四）、排版清晰。

1. 封面

封面字体统一为黑体三号。

"项目名称"：同项目验收申请表中的要求。

"完成单位"：同项目验收申请表中的要求（盖章）。总部及省控科技项目填写"国网×××供电公司"，如"国网湖州供电公司"；县公司科技项目填写县级供电企业名称，如"国网浙江安吉县供电有限公司"。

"编制人"：本报告编制人员姓名（手签）。

"审核人"：本项目的项目负责人姓名（手签）。

"批准人"：科技管理部门领导姓名（手签）。

"编制时间"：本报告的编制时间，例如：20××年××月××日。

2. 正文部分

统一为宋体正文，字体为四号或小四。图表编号连贯，页码编排有序等。正文各部分的说明如下：

"一、概述"：该部分主要对工作报告的内容进行总体描述，是对报告各章节内容的高度浓缩，使读者通过阅读本章节对报告有一个整体的了解，该部分要求重点突出、言简意赅。体现项目完成情况汇总表内容。

"二、项目概况"：

1. 项目背景

该部分主要从业务需求的角度简要回顾项目的必要性和可行性、项目总体要求和目标（可参考可行性研究报告相关内容）和现有项目管理基础等，为后面项目研究内容、项目组织设计、课题分解等进行铺垫。

2. 项目研究内容及取得的成果

2.1 项目研究内容

2.1.1××××

2.1.2××××

2.1.3××××

......

参照项目任务书审定稿。

2.2 项目预期目标

2.2.1××××

2.2.2××××

2.2.3××××

......

参照项目任务书审定稿。

2.3 取得成果

结合项目完成情况汇总表进行详细阐述。

说明：该部分主要描述项目任务书中提出的研究内容、预期目标和成果，以及项目完成后取得的成果，预期成果与实际成果的差异。成果包括项目的研究报告、装置或系统、专利、专著和论文、培训教材、技术标准、管理规范等。

3. 参加人员及贡献

张三：负责项目管理和技术研究开发方面的内容，从说明中进行选择，简要说明；

李四：负责项目管理和技术研究开发方面的内容，从说明中进行选择，简要说明；

......

说明：各人员的贡献包括以下几方面：

（1）项目管理方面

1）项目总体目标、范围的制定和分解。

2）项目的组织，如项目组织、工作分解结构的设计，工作责任的落实，里程碑计划和关键节点的制订等。

3）项目计划和进度的制订。

4）项目监控。

5）项目资料整理、收尾等。

6）其他。

（2）技术研究、开发方面

1）技术路线、体系架构的制订和课题、子课题的分解（技术总体设计）。

2）各课题、子课题的研究、设计、开发、调试（测试）和验证（可进一步分解为设计、实现、验证等方案制订、实施等）。

3）技术集成研究、设计、开发、调试（测试）和验证（可进一步分解为设计、实现、验证等方案制订、实施等）。

4）应用及其验证。

4. 资金使用情况

本项目计划经费总额××.××万元（综合计划下达金额），实际发生费用合计××.××万元，资金完成率××.××％。

费用使用主要分为直接费用和外委研究支出费两项：

（1）直接费用××.××万元：其中差旅费××.××万元，资料费××.××万元，会议费××.××万元，培训费××.××万元，设备购置费××.××万元（以 SAP 中真实数据填报）。

（2）外委研究支出费××.××万元（以 SAP 中真实数据填报）。

"三、项目的组织和启动"：

项目负责人×××组织项目组，于××年××月起着手项目实施。由××××单位（外委服务单位）负责协作工作。

20××年××月：……

20××年××月：……

……

参照项目任务书中的"进度计划内容及考核目标"或项目实施方案（审定稿）中的"项目实施计划"进行编写，体现以下说明中的相关内容。

说明：该部分主要从项目总体目标（包括里程碑、资源控制、成果等目标）出发，描述总体目标分解的原则、方法及形成的项目目标体系；描述基于目标体系的项目组织设计和原则分工、职责，注意项目的组织、分工原则上要与"项目计划和进度管理"章节中的工作结构分解相衔接；必要时提供相应的支撑材料（如成立项目组织机构的相关文件、会议纪要、工作责任矩阵表等）。

"四、项目计划和进度管理"：

项目实施计划：

第一阶段：……

第二阶段：……

……

对本报告中的第三大项"项目的组织和启动"中各时间节点的项目实施情况进行说明，体现以下说明中的相关内容。

说明：该部分主要描述从项目目标体系到工作结构分解（WBS）的创建（要求到工作包层次）、各工作包的可交付成果、资源的估算（人力、资金、时间）、项目进度和里程碑计划、项目成果评价标准、风险识别和分析及其控制计划、外包（合作）内容计划及合作方资质和能力要求等。必要时提供相应的支撑材料（如项目详细的 WBS、进度计划、相关会议纪要等）。

"五、项目实施和控制管理"：

20××年××月：……；

20××年××月：……；

……

参照项目任务书中的"进度计划内容及考核目标"或项目实施方案（审定稿）中的"项目实施计划"进行编写，体现以下说明中的相关内容。

说明：该部分主要描述项目里程碑阶段、范围和计划的监控、变更和调整的过程，项目组织或人员变动情况，如项目范围进行哪些变更和调整；进度计划做了哪些调整、调整的原因、调整后的结果；如何进行项目的质量、成本、风险控制；合作方选择、合同签订和控制的过程。必要时提供相应的支撑材料〔如项目范围、进度计划等变更申请和批准文件，合作方合同、合同工作结构分解（PWBS）等〕。

"六、项目的主要创新点"：

1.……

2.……

……

说明：该部分主要描述在项目管理、技术等方面的创新点，如项目进行了查新，以查新报告的查新点逐项详细说明，同时提供相应的支撑材料（如技术查新报告等）。

"七、系统实施前后对比"：

1. 本项目实施后，在××××方面（管理效率、电网安全效益等）取得了明显的成效。

1.1项目实施前：……

1.2项目实施后：……

2. 经济效益分析：……

说明：该部分主要描述项目实施前后对企业和电网带来的效益（包括管理效率、电网安全效益、经济效益等），注意与项目任务书中提出的项目预期达到的目的相对应。

"八、存在的问题及对今后工作的建议"：

该部分主要描述促进项目成功的经验、需要改进的方面，并对今后开展类似项目的管理提出意见和建议。

"九、项目推广前景和价值"：

参考"项目经济和社会效益分析报告"中的"项目推广应用前景及预计经济和社会效益分析"进行编写。

说明：该部分主要描述项目成果的推广应用前景和潜在的价值。

4.3.4 科技项目技术总结报告编写要求

原则上需逐级审核和审批（含编写人员、校对人员、审核人员、批准人员签名），含有分报告的项目必须有技术总报告（技术总报告需要高度凝练、结论明确），子报告应根据子课题设置分册编写。技术报告要以质量为目标，注重报告的科学性、逻辑性和完整性，不应追求报告的页数和厚度来体现成果的丰富程度。

1. 封面

封面字体统一为黑体三号。

"项目名称"：同项目验收申请表中的要求。

"完成单位"：同项目验收申请表中的要求（盖章）。总部及省控科技项目填写"国网××供电公司"，如"国网湖州供电公司"；县公司科技项目填写县级供电企业名称，如"国网浙江安吉县供电有限公司"。

"编制人"：本报告编制人员姓名，手写签名。

"审核人"：本项目的项目负责人姓名，手写签名。

"批准人"：科技管理部门领导姓名，手写签名。

"编制时间"：本报告的编制时间，例：20××年××月××日。

2. 正文部分

统一为宋体正文，字体为四号或小四。图表编号连贯、页码编排有序等。

注意：不同的技术领域可以有不同的技术报告，此技术报告模板是较为通用的格式，但不应完全受到束缚，此格式仅作参考。具体说明如下：

"一、概述"：

本部分可参考项目可研报告的第一、二、三大项进行综合概述（如无可研报告请按照说明填写），该部分主要描述根据任务书（或实施方案）要求，项目将涉及哪些领域的技术，以及该领域技术国内外现状、存在问题及其发展趋势。

"二、设计思路和原则、总体技术路线及关键技术等（视项目情况而定）"：

说明：该部分主要描述技术研究和开发的总体思路和原则、总体技术路线及其涉及的关键技术，以及国内外类似技术研发的参考技术路线。

"三、装置/系统结构和框架"：

附装置/系统结构或框架图，并对图示进行简要说明，附图居中，文字描述位于图的下方。

"四、装置/系统功能和性能介绍"：

1.……

2.……

……

逐条进行详细描述。

"五、技术特点"：

1.……

2.……

……

逐条进行详细描述。

"六、技术上存在的需要改进的地方"：

1.……

2.……

……

逐条进行详细描述。

4.3.5 科技项目用户使用报告编写要求

1. 封面

封面字体统一为黑体三号。

"项目名称"：同项目验收申请表中的要求。

"使用单位"：使用单位名称（盖章）。

"编制人"：本报告编制人员姓名。

"审核人"：使用单位审核组组长姓名。

"批准人"：使用单位领导姓名。

"编制时间"：本报告的编制时间，例：20××年××月××日。

2. 正文部分

统一为宋体正文，字体为四号或小四。图表编号连贯、页码编排有序等。正文各部分说明如下：

"一、使用起始时间"：

××××年××月—××××年××月

"二、使用地点和范围"：描述本项目使用地点和范围。

"三、使用单位和人员（使用者需对自己做一些简要介绍）"：

1. 使用单位：××××（单位名称），单位简介。

2. 主要使用人员简介（2～4人）：

姓名、工种、职称、从事主要工作等。

"四、使用效果评价"：

通过本项目成果的应用，解决了××××问题，实现了××××功能，提高了××××水平，完善了××××，……

4.3.6 科技项目经济和社会效益分析报告编写要求

1. 封面

封面字体统一为黑体三号。

项目名称：同项目验收申请表中的要求。

使用单位：同项目验收申请表中的要求（盖章）。

编制时间：本报告的编制时间，例：20××年××月××日。

2. 正文部分

统一为宋体正文，字体为四号或小四。图表编号连贯、页码编排有序等。

正文各部分说明如下：

"一、项目概述"：

说明：该部分主要对本项目的内容进行总体描述，是对本项目内容的高度浓缩，该部分要求重点突出、言简意赅。

体现项目完成情况汇总表内容。

"二、项目投资及投入人力资源分析"：

1. 项目投资分析：

本项目计划经费总额××.××万元（综合计划下达金额），实际发生费用合计××.××万元，资金完成率××.×××％。

费用使用主要分为直接费用和外委研究支出费两项：

1.1 直接费用××.××万元，其中差旅费××.××万元，资料费××.××万元，会议费××.××万元，培训费××.××万元，设备购置费××.××万元（以 SAP 中真实数据填报）。

1.2 外委研究支出费××.××万元（以 SAP 中真实数据填报）。

2. 投入人力资源分析：

本项目系××××（项目承担单位）研发，并由××××（第三方测试单位）测试验证。小组由×××担任项目负责人，与项目组其余××（数量）人共同完成项目进度监管和具体工作落实。

"三、项目已产生经济和社会效益分析"：

1. 项目已产生的经济效益分析：从节省人力、节约物资、缩短工时、多供电量（一般情况下每度电 8 元的 GDP 统计）等方面展开分析，要求量化并提供计算公式。

经过以上分析，本项目合计已产生经济效益××万元。

2. 项目已产生的社会效益分析：提高电网安全稳定运行、供电可靠率、优质服务等方面具体展开。

"四、项目推广应用前景及预计经济和社会效益分析"：

1. 项目推广应用前景：本项目适合在××××范围（县、市、省、全国四选一）内进行推广。

2. 项目预计经济效益：根据本项目目前已产生的经济效益，折合至推广范围可产生的经济效率进行统计，要求提供计算依据。

3. 项目预计社会效益：根据项目推广后，在提高电网安全稳定运行、供电考虑率、优质服务等方面具体展开。

"财务部门意见"：

填写：情况属实（手工填写），并加盖财务部门章。

4.3.7 科技项目经费决算报告编写要求

统一为宋体正文，字体为四号或小四。图表编号连贯、页码编排有序等。具体说明如下：

"合同编号"：

1.1 省公司综合计划下达有编号，则填写省公司下达编号，如 ZDK060—2011。

1.2 省公司综合计划下达无编号，则填写 SAP 号，如 5211U2110005。

"承担单位"：

2.1 省控科技项目填写"国网××供电公司"，如"国网湖州供电公司"。

2.2 市公司群创项目填写承担部门名称，如"国网湖州供电公司信息通信分公司"。

2.3 县公司科技项目及群创项目填写县级供电企业名称，如"国网安吉县供电公司"。

"项目名称"：

省公司综合计划下达文件提供的项目名称。

"一、项目执行时间"：

20××年1月—20××年12月（省公司综合计划下达的项目实施时间）。

"二、经费使用情况综述"：

本项目计划经费总额××.××万元（综合计划下达金额），实际发生费用合计××.××万元，资金完成率××.×××％。

"三、各项支出详细说明"：

费用使用主要分为直接费用和外委研究支出费两项：

（1）直接费用××.××万元，其中差旅费××.××万元，资料费××.××万元，会议费××.××万元，培训费××.××万元，设备购置费××.××

万元（以 SAP 中真实数据填报）。

（2）与×××公司签订了×××协议，合同金额××.××万元，SAP 金额 ××.××万元。

"四、问题和建议"：

说明：项目实施过程中预算执行及经费管理遇到的问题、采取的措施及相关建议。

项目经费决算表预算金额：按项目任务书或实施方案审定稿确定的金额逐项填写，精确到小数点后两位。群创项目中的施工费，调整到"（三）外委支出费"中"3. 外协测试试验与加工费"一栏，并在备注中注明"施工费"。

项目经费决算表使用金额：按照表格要求填列，其中税前金额以 SAP 实际发生金额为准，精确到小数点后两位。

项目经费决算表预算及使用金额大、小项需累加。

科技项目下达经费全部为成本性支出，当仍需按照财务规定确定是否存在科转资的部分，填列固定资产清单和无形资产清单。

4.3.8 科技项目完成情况汇总表编写要求

"文本字体格式"：宋体 11，单倍行距，上下居中左对齐。各部分说明如下：

"项目名称"：省公司综合计划下达文件提供的项目名称。

"承担单位"：

3.1 省控科技项目填写"××供电公司"，如"国网湖州供电公司"。

3.2 市公司群创项目填写承担部门名称，如"国网湖州电供电公司信息通信分公司"。

3.3 县公司科技项目及群创项目填写县级供电企业名称，如"国网浙江安吉县供电有限公司"。

"执行时间"：省公司综合计划下达的项目实施时间，格式如"2011 年 1 月- 2012 年 6 月"。

"本表中合同指"：项目任务书或实施方案审定稿。

"研究内容、预期目标"：项目任务书或实施方案审定稿规定的对应内容。

如果研究内容与预期目标不能一一对应，合并研究内容单元格（内容为任务书或实施方案审定稿规定的研究内容），但其他内容必须一一对应。

严格按照表格中给定的模板进行填写，严禁擅自修改。

成果应用情况及证明材料：提供的佐证材料必须是项目验收申请表中"技术资料目录"的某一项或多项，需要写明报告的名称，不能出现见附件×字样。

未在预期目标中涉及的成果项，另起一行仅填写"取得的成果及创新特色"和"成果应用情况及证明材料"两栏。

要求言简意赅，尽量在一页内完成该表。专家组审核意见由专家组组长手写，无需项目组填写。专家组审核意见一般为：未完成、基本完成、完成、超额完成。

4.3.9　科技项目验收证书编写要求

1. 封面

字体要求：宋体4号

"验收证书编号"：湖电信通验字〔20××〕××号，××为证书序列号，由验收部门填写。

"项目名称"：省公司综合计划下达文件提供的项目名称。

"项目计划编号"：

省公司综合计划下达有编号，则填写省公司下达编号，如 ZDK060—2011；

省公司综合计划下达无编号，则填写 SAP 号，如 5211U2110005。

"完成单位"：

省控科技项目填写"国网××供电公司"，如"国网湖州供电公司"。

市公司群创项目填写承担部门名称，如"国网湖州供电公司信息通信分公司"。

县公司科技项目及群创项目填写县级供电企业名称，如"国网浙江安吉县供电有限公司"。

"协作完成单位"：填写项目的协作完成单位，签订服务合同的单位不得出现在协作单位里。

"主要完成人员"：

省控科技项目填写省公司任务书中的参加人员姓名；

群创项目及县公司科技项目填写"实施方案"审定稿中参加人员姓名；

所有人员姓名以"、"隔开，名字中间不用空格隔开（正确"张三、李四、王小明"，错误"张三、李四、王小明"）。

"验收部门"：国网湖州供电公司信息通信分公司。

验收日期：20××年××月××日。

2. 正文

"一、项目完成情况"：参照《项目验收申请表》"项目完成简况"填写。

"二、项目情况简表"：

"计划完成时间"：项目实施方案中项目周期的截止日期，格式为20××年××月。

"投入试运时间"：以项目实际投入试运行时间为准（无需明确到日），格式如"20××年××月"。

"试运考验结束时间"：以项目实际试运行结束时间为准（无需明确到日），格式如"20××年××月"。

"累计试运时间"："试运考验结束时间"与"投入试运时间"之间时间差，格式如"3个月"。

"计划经费总额（万元）"：

省控科技项目及市公司群创项目填写"拨付"一栏。金额以省公司计划下达为准，精确到小数点后两位，如"49.00"，"自筹"栏不用填写。

县公司科技项目及县公司群创项目填写"自筹"一栏。金额以省公司计划下达为准，精确到小数点后两位，如"49.00"，"拨付"栏不用填写。

"实际使用经费（万元）"：

省控科技项目及市公司群创项目填写"拨付"一栏。金额以SAP实际发生数为准，精确到小数点后两位，如"48.55"，"自筹"栏不用填写。

县公司科技项目及县公司群创项目填写"自筹"一栏。金额以SAP实际发生数为准，精确到小数点后两位，如"48.55"，"拨付"栏不用填写。

"三、验收意见"：

（1）本项目验收资料齐全、规范，符合科技项目验收的要求。

（2）项目完成情况详见汇总表。

（3）本项目已完成实施方案预定的工作任务，同意通过项目验收。

3. 科技项目成果完成情况汇总表

3.1 文本字体格式：宋体 11，单倍行距，上下居中左对齐。

3.2 "项目名称"：省公司综合计划下达文件提供的项目名称。

3.3 "承担单位"：

3.3.1 省控科技项目填写"国网××供电公司"，如"国网湖州供电公司"。

3.3.2 市公司群创项目填写承担部门名称，如"国网湖州供电公司信息通信分公司"。

3.3.3 县公司科技项目及群创项目填写县级供电企业名称，如"国网浙江安吉县供电有限公司"。

3.4 "执行时间"：省公司综合计划下达的项目实施时间，格式如"2011 年 1 月-2012 年 6 月"。

3.5 本表中合同指：项目任务书或实施方案审定稿。

3.6 研究内容、预期目标：项目任务书或实施方案审定稿规定的对应内容。

3.7 如果研究内容与预期目标不能一一对应，合并研究内容单元格（内容为任务书或实施方案审定稿规定的研究内容），但其他内容必须一一对应。

3.8 严格按照表格中给定的模板进行填写，严禁擅自修改。

3.9 成果应用情况及证明材料：提供的佐证材料必须是项目验收申请表中"技术资料目录"的某一项或多项，需要写明报告的名称，不能出现见附件×字样。

3.10 未在预期目标中涉及的成果项，另起一行仅填写"取得的成果及创新特色"和"成果应用情况及证明材料"两栏。

3.11 要求言简意赅，尽量在一页内完成该表。专家组审核意见由专家组组长手写，无需项目组填写。专家组审核意见一般为：未完成、基本完成、完成、超额完成。

4.3.10 科技项目验收报告编写要求

1. 封面

"合同编号"：省公司综合计划下达有编号，则填写省公司下达编号，如 ZDK060—2011。

"项目名称"：省公司综合计划下达文件提供的项目名称。

"完成单位"：省控科技项目填写"国网××供电公司"，如"国网湖州供电公司"。

"验收日期"：20××年××月××日。

2. 正文

2.1 项目内容：项目任务书或实施方案确定的研究内容。

2.2 项目取得的成果及达到的技术性能指标：项目任务书或实施方案确定的预期成果实现情况及技术性能指标实现情况。

2.3 项目的效益分析及推广应用计划：参考项目《经济和社会效益分析报告》填写。

2.4 项目验收资料清单：填写项目验收提供的资料清单，参照形式审查汇总表。

2.5 项目申请专利情况及计划安排：根据项目任务书或实施方案确定的专利申请情况填写。

该成果已申请发明/实用新型专利×/×项，专利号分别为"专利名称（×××.×)"。

该成果已授权发明/实用新型专利×/×项，专利号分别为"专利名称（×××.×)"。

计算机软件著作权登记号：如 2012RS022722。

2.6 项目验收资料审查意见：年 月 日，国网××电力公司在×××（地点）组织召开了"×××"科技项目验收会。与会专家对技术报告、决算报告、审计报告等项目资料进行了审查，经讨论，形成资料审查意见如下（选择以下选项之一）：

（1）项目承担单位提交的验收资料齐全、规范，符合验收要求。

（2）项目承担单位提交的验收资料基本齐全、规范，符合验收要求。需要在正式验收时对以下几个方面进行完善：

1）××××××

2）××××××

3）……

（3）项目承担单位提交的验收资料不符合验收要求（或提交的验收资料无

法判断是否完成了任务书或合同规定等内容），需要对以下几个方面修改完善后再次提交验收。

1）××××××

2）××××××

3）……

2.7项目验收测试意见（本测试意见仅针对项目的见证试验填写，如已委托第三方机构检测或测试并出具了相应报告的项目，则无需填写）：

根据本项目见证试验方案，项目承担单位在专家的见证下，开展了相关试验，提交了测试结果，经讨论，形成测试意见如下：

（1）对测试工作的评价（从以下选项选择修改）。

1）项目单位严格按照试验方案开展了测试工作，测试操作合规，测试数据真实、准确。

2）项目单位严格按照试验方案开展了测试工作，测试操作基本符合规范，测试数据真实。

3）项目单位没有按照试验方案开展测试工作，测试操作基本符合规范，测试数据的可信度难以保证。

（2）对测试结论支撑验收相关指标的评价（从以下选项选择修改）。

1）测试结论详实、严谨，全面反映项目××装置（系统）的主要技术指标和性能等。

2）测试结论较详实、严谨，基本反映项目××装置（系统）的主要技术指标和性能等。……

3）测试结论不够详实、严谨，难以反映项目××装置（系统）的主要技术指标和性能等。

（3）总意见。

……

2.8项目验收专家意见。

一般按以下文本填写：

年　月　日，国网××省电力公司在×××（地点）组织召开了"×××"科技项目验收会。与会专家听取了项目完成情况汇报，审阅了工作报告、技术报告、×××报告（据项目实际列出，有软件演示、现场参观也一并写明），经讨论，形成验收意见如下：

（1）项目承担单位提交的验收资料齐全、规范，符合验收要求。

（2）项目承担单位完成了或基本完成了或未完成（选其一）国网浙江省电力有限公司科技项目任务书/合同规定内容，具体执行情况见附表《国网浙江省电力有限公司科技项目成果完成情况汇总表》。

（3）简明提炼本项目取得的主要完成工作及亮点、创新点（高度凝练，100字左右）。

（4）对项目完成情况做出评价：（选择如下选项之一）

1）验收专家组一致认为，该项目完成了国网浙江省电力有限公司科技项目任务书/合同规定的研究内容，同意通过验收。

2）验收专家组一致认为，该项目基本完成国网浙江省电力有限公司科技项目任务书/合同规定的研究内容，同意结题。

3）验收专家组一致认为，该项目未完成国网浙江省电力有限公司科技项目任务书/合同规定的研究内容，不通过验收。

4）验收专家组一致认为，该项目提供的验收资料不充分，难以判断，需重新审议。

5）验收专家组一致认为，该项目完成了国网浙江省电力有限公司科技项目任务书/合同规定的研究内容，同意通过验收；根据××××（查新单位）提供的国内/外查新资料，研究成果在××××方面达到了××××水平。

验收组长签名并填写日期。

2.9 完成情况汇总表：

2.9.1 文本字体格式：宋体 11，单倍行距，上下居中左对齐。

2.9.2 "项目名称"：省公司综合计划下达文件提供的项目名称。

2.9.3 "承担单位"：

2.9.3.1 省控科技项目填写"国网××供电公司"，如"国网湖州供电公司"。

2.9.3.2 市公司群创项目填写承担部门名称，如"国网湖州供电公司信息通信分公司"。

2.9.3.3 县公司科技项目及群创项目填写县级供电企业名称，如"国网安吉县供电公司"。

2.9.4 "执行时间"：省公司综合计划下达的项目实施时间，格式如"2011年1月—2012年6月"。

2.9.5 本表中合同指：项目任务书或实施方案审定稿。

2.9.6 研究内容、预期目标：项目任务书或实施方案审定稿规定的对应内容。

2.9.7 如果研究内容与预期目标不能一一对应，合并研究内容单元格（内容为任务书或实施方案审定稿规定的研究内容），但其他内容必须一一对应。

2.9.8 严格按照表格中给定的模板进行填写，严禁擅自修改。

2.9.9 成果应用情况及证明材料：提供的佐证材料必须是《项目验收申请表》中"技术资料目录"的某一项或多项，需要写明报告的名称，不能出现"见附件×"字样。

2.9.10 未在预期目标中涉及的成果项，另起一行仅填写"取得的成果及创新特色"和"成果应用情况及证明材料"两栏。

2.9.11 要求言简意赅，尽量在一页内完成该表。专家组审核意见由专家组组长手写，无需项目组填写。专家组审核意见一般为：未完成、基本完成、完成、超额完成。

2.10 项目主要人员名单：

填写项目组成员的姓名、性别、出生年月、技术职称、文化程度、工作单位及对成果创造性贡献。

出生年月：19××.××。

技术职称：教授级高工、高工、工程师、助工、高技、技师、高级工、中级工、初级工。

文化程度：博士研究生、硕士研究生、本科、专科、中专、高中、初中、小学。

工作单位：国网××供电公司或国网××县供电公司。

对成果创造性贡献：项目总负责、项目指导、项目技术指导、项目协调、项目实施、资料整理。

5 科技成果管理

　　科技成果是指通过研究活动所产生的，经过同行专家评审或鉴定，确认具有一定的学术意义或实用价值的创造性结果，它具有新颖性、先进性、实用性、重演性和完整性的特点。

　　科技成果是科研管理工作的重要组成部分，包括科技成果评价、成果登记、成果奖励、成果推广和转化等，其中评价是基础，奖励是中心，成果推广与转化是目的。科技成果评价和科技奖励管理紧密相连，科技成果评价为奖励提供支撑，科技奖励是对成果评价工作的进一步肯定和认可。这两项工作往往集中在年终年初进行，对管理者来说工作量大、时间短、要求高。要做好这阶段工作，应该把握以下三个基本原则：

　　（1）规范性。严格执行有关文件规定，只有符合要求的成果才可提交评价和报奖，未经精心策划和准备的成果不宜参加评价和报奖，也不会得到理想的结果。实施主体必须按照科技成果评价和奖励文件要求，规范准备材料，如提交鉴定（评审）的成果应用时间必须满半年以上；多单位合作成果不存在权属争议；用户报告应为实际使用单位出具；测试报告必须有测试人、审核人的签名等。

　　（2）一致性。参加科技成果鉴定（评审）与报奖的项目材料应具有一致性，如成果名称、完成单位、主要完成人的排序在各种文档中出现时必须一致；成果应用时间、经济效益等在各类报告中必须一致；关键内容如创新点的表述、技术指标等应该前后一致；专利拥有人与成果完成单位、完成人员一致，等等。

　　（3）权威性。科技成果评价应该在政府授权的评价机构组织下开展；邀请的专家应该是本项目技术领域内的权威专家；第三方检测报告应力求法定检测单位出具；查新报告应由主管部门认可的机构出具；经济效益需财务部门证明或会计师事务所出具的审计报告，等等。

5.1　科技成果评价管理

科技成果评价通常包括成果鉴定或评审，是指具备资质的评价机构聘请同行专家，按照规定的形式和程序对科技成果进行审查和评价，并做出相应鉴定评审结论的科技管理活动。例如，中国电机工程学会是有资质进行科技成果评价的机构，对国内电力系统产生的有重要影响的应用技术成果（含新设备）、软科学研究成果等进行水平评价。此外，中国电机工程学会、中国电力企业联合会、经科技行政管理机关许可的机构也可开展科技成果评价活动。

5.1.1　科技成果评价的基本流程

各级科技成果评价机构是科技成果评价管理的归口部门，管理流程如图 5-1 所示。

科技成果完成单位应按成果评价机构和省公司要求提前将鉴定（评审）申请书及相关鉴定（评审）资料报送，申报材料均采用书面文字和电子版两种形式。基层科技成果完成单位应提前一个月将鉴定（评审）申请书及相关鉴定（评审）资料报送本单位科技成果管理部门。基层单位科技成果管理部门审核本单位科技成果完成部门上报的鉴定（评审）申请材料，并汇总上报省级科技管理部门及成果评价机构。

成果评价机构对成果完成单位的鉴定（评审）申请资料进行形式审查，对鉴定（评审）申请资料形式审查合格的成果委托专家技术审查，对于不合格的返回上报人员。

成果评价机构委托专家进行技术审查，受托专家应在规定工作日内将科技成果鉴定（评审）技术审查意见表返回公司成果评价机构。

成果评价机构根据实际需要选择评价组织形式，分两类：会议鉴定（评审）或通信鉴定（评审）。

成果评价机构选聘同行专家组成鉴定（评审）委员会，并指定正、副主任委员，进行会议鉴定（评审）。鉴定（评审）会前宜将成果的技术资料交鉴定（评审）委员专家先行审查并准备鉴定（评审）意见草稿。需现场测试的成果，测试组专家宜于鉴定会前完成测试工作，写出测试报告并签字。会议在鉴定

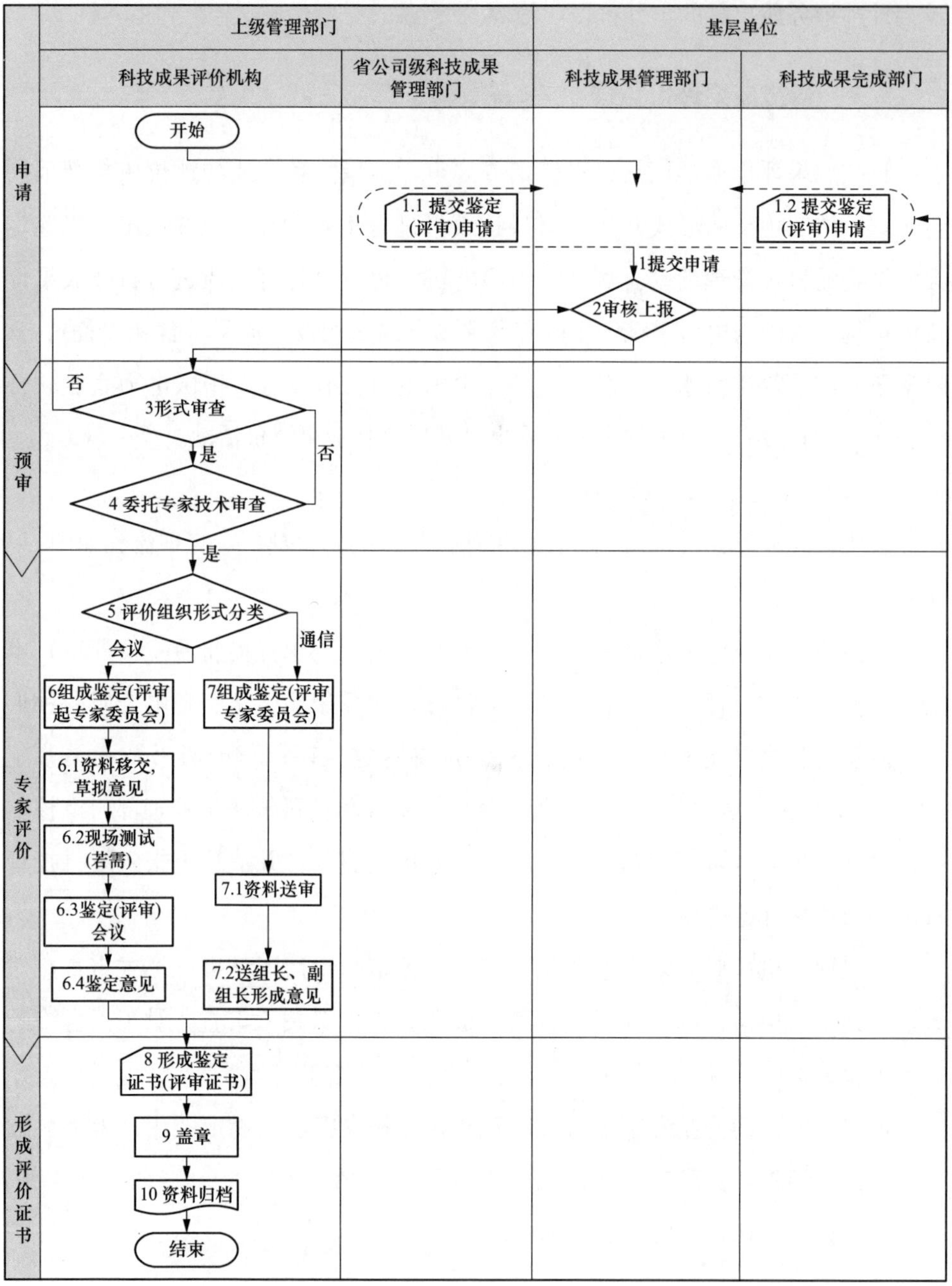

上级管理部门		基层单位	
科技成果评价机构	省公司级科技成果管理部门	科技成果管理部门	科技成果完成部门

图 5-1　科技成果评价管理流程

（评审）委员会正、副主任委员主持下进行，由成果完成单位、检测单位、用户单位等介绍情况与演示，经现场考察、抽检、评议后讨论鉴定（评审）意见。鉴定（评审）委员会主任、副主任及全体委员通过鉴定（评审）意见并签字。

成果评价机构选聘同行专家组成通信鉴定（评审）专家组，并指定正、副组长，进行通信鉴定（评审）。成果评价机构将科技成果通信鉴定（评审）表及成果技术资料送各位鉴定（评审）专家审阅，10个工作日内各位专家应将填写的通信鉴定（评审）表及技术资料返回。成果评价机构将各位专家提交的科技成果通信鉴定（评审）表送通信鉴定（评审）组组长、副组长。由组长、副组长综合形成通信鉴定（评审）专家组的意见，签字后返回。成果评价机构根据鉴定（评审）委员会的鉴定（评审）意见经确认后，形成科技成果鉴定证书或科技成果评审证书。

科技成果鉴定（评审）证书由成果评价机构加盖其技术鉴定专用章后生效。成果评价机构将科技成果评价管理的相关资料整理归档。

科技成果评价包括科技成果的鉴定与评审，评价机构接受上级科技管理部门的授权或委托，按照国家规定对有重要影响的应用技术成果（含新设备）、软科学研究成果等进行水平评价。本节以一般的鉴定（评审）为例，介绍科技成果评价的流程和有关要求。

5.1.2 科技成果鉴定（评审）的范围

科技成果鉴定（评审）的范围是列入国家和省部级科技攻关、技术开发、新产品试制计划和电网公司科技计划内完成的应用技术成果、软科学研究成果，少数科技计划外的对电力系统有重要影响的应用技术成果、软科学研究成果和国家规定的专项产品等。

应用技术成果是指具有创造性、先进性、实用性的新设备、新技术、新产品、新材料、新工艺和可独立应用的阶段性课题成果等，经实施后产生较大经济效益和社会效益的成果。

软科学研究成果是指为促进电力事业发展经科学研究在战略、预测、规划、政策、管理、体制改革、项目可行性论证、标准制定、科技情报调研等方面取得的成效显著的科技成果。

5.1.3 科技成果鉴定（评审）的组织

科技成果中的应用技术成果采用鉴定形式，软科学研究成果采用评审形式。

应用技术成果的鉴定可根据成果不同特点选择检测鉴定、会议鉴定和通信鉴定等三种鉴定形式，几种鉴定（评审）形式具有同等效力。目前最常见的是会议鉴定。

科技成果的会议鉴定（评审）实行专家负责制，由组织鉴定（评审）单位聘请同行专家组成，人数原则上为单数，其中具有高级技术职称的专家应占三分之二以上。采用会议鉴定（评审）时，鉴定（评审）委员会由7～13人组成。鉴定（评审）结论必须经过鉴定（评审）委员会三分之二以上多数通过。

5.1.4　申请鉴定（评审）的成果条件

申请鉴定（评审）的科技成果应具备下列条件：

（1）科技成果一般应经过半年以上的试用考验，对电力系统有重大影响的要一年以上；新产品要经过两个及以上单位的试用。

（2）提交鉴定的科技成果应具备第三方检测报告，并符合有关要求。

（3）已立项的科技项目应完成合同或计划任务书规定的任务。

（4）应具备鉴定机构认定的科技信息机构出具的查新报告。

（5）不存在成果完成单位、协作单位及人员排序的争议。

（6）技术来源正当，不存在科技成果权属争议。

（7）与国家现行法规、政策无抵触。

5.1.5　科技成果鉴定（评审）资料要求

成果完成单位一般应提前一个月将科技成果鉴定（评审）申请书及相关附件资料报送科技管理部门，申报材料均采用书面文字和电子版两种形式。应包括：

（1）"科技成果鉴定申请书"（应用技术成果）或"科技成果评审申请书"（软科学研究成果）。

（2）评价申请附件材料，按成果性质分类要求如下：

1）技术开发类成果及新技术集成类成果，应提交"科技成果工作报告"、"科技成果技术报告"、"科技成果测试报告"（应力求法定检测机构提供）、"科技成果经济及社会效益分析报告"、"科技成果用户使用报告"、"安全、环保分析报告"（对涉及安全、环保的成果）、"科技查新报告"、知识产权（含软件著作权登记证书）证明、科技项目验收证书以及其他有关资料。

2）推广应用先进技术类成果，应提交"科技成果推广工作报告"、"科技成果经济及社会效益分析报告"、"科技成果用户使用报告"、科技项目验收证书以及其他有关资料。

3）重大工程类成果，应提交工作报告、技术报告、经济及社会效益分析报告、用户使用报告、安全、环保分析报告（对涉及安全、环保的成果）、科技查新报告、知识产权证明、科技项目验收证书或工程竣工相关证明材料以及其他有关资料。

4）社会公益类成果，应提交工作报告（非标准类）、技术报告（非标准类）、经济及社会效益分析报告（非标准类）、科技项目验收证书（非标准类）、用户使用报告（若有）、标准编制说明（标准类）、技术标准审查意见（标准类）、已发布实施一年以上系第一起草单位的标准文本（标准类）、相关公共效益证明（标准类）、科技查新报告（由政府或电力科技查新机构出具）、知识产权证明以及其他有关资料；

5）经济技术与管理成果，应提交工作报告、"科技成果课题研究报告"、"科技成果经济及社会效益分析报告"、"科技成果用户使用报告"（若有）、科技项目验收证书以及其他有关资料。

5.1.6　科技成果鉴定（评审）的程序

1. 预审

地县供电企业科技管理部门组织、指导申报单位编写科技成果鉴定材料，经审查合格后上报鉴定机构。鉴定机构对成果完成单位的鉴定（评审）申请资料进行形式审查。形式审查合格的成果将委托专家进行技术审查，受托专家一般在15个工作日内将技术审查意见返回鉴定机构。预审合格的申请鉴定（评审）成果将安排正式鉴定或评审，并制定科技成果鉴定（评审）大纲，成果完成单位筹备科技成果鉴定（评审）会。

2. 专家鉴定（评审）

科技成果鉴定（评审）会由鉴定机构组织召开，鉴定（评审）的内容包括：

（1）审查技术资料是否齐全、准确、完整、统一，并符合规定；

（2）对成果的创造性、先进性和成熟程度做出评价；

（3）对总体技术水平做出评价；

（4）对成果的应用价值及推广前景及其经济、社会和环境的影响做出评价；

（5）提出存在的问题及改进意见。

科技成果会议鉴定（评审）的主要程序：

（1）鉴定机构选聘同行专家组成鉴定（评审）委员会，并指定正、副主任委员。

（2）鉴定（评审）会前宜将成果的技术资料交鉴定（评审）委员专家先行审查并准备鉴定（评审）意见草稿。

（3）需现场测试的成果，测试组专家宜于鉴定会前完成测试工作，写出测试报告并签字。

（4）会议在鉴定（评审）委员会正、副主任委员主持下进行，由成果完成单位、检测单位、用户单位等介绍情况与演示，经现场考察、抽检、评议后讨论鉴定（评审）意见。

（5）鉴定（评审）委员会主任、副主任及全体委员通过鉴定（评审）意见并签字。

采用通信形式进行科技成果鉴定（评审）的主要程序：

（1）鉴定机构选聘同行专家组成通信鉴定（评审）专家组，并指定正、副组长。

（2）将科技成果通信鉴定（评审）表及成果技术资料送各位鉴定（评审）专家审阅，一般10个工作日内专家应将填写的通信鉴定（评审）表及技术资料返回。

（3）各专家提交的科技成果通信鉴定（评审）表送组长、副组长，由组长、副组长综合形成通信鉴定（评审）专家组的意见，签字后返回。

3. 形成鉴定（评审）证书

鉴定机构根据鉴定（评审）委员会的鉴定（评审）意见，经审查确认后形成科技成果鉴定（评审）证书，加盖鉴定机构技术鉴定专用章后生效。

4. 科技成果登记

成果鉴定或评审结束后，按照有关规定须向相应的科技成果管理机构办理成果登记手续，作为申报科技奖励的依据之一。成果登记分基础理论成果、应用技术成果、软科学成果等三类。两个或两个以上单位共同完成的科技成果，由第一完成单位按隶属关系办理成果登记。科技成果登记应同时符合下列条件：

（1）登记材料规范完整；

（2）成果权属没有争议；

（3）已有的评价结论为肯定性意见；

（4）不违背国家的法律法规和政策；

（5）未有侵犯他人知识产权或剽窃他人研究成果。

成果登记采用科技部统一制定的格式，通过专用登记软件（科技成果登记系统）产生《科技成果登记表》，与相关的评价证明一起提交成果管理部门。一般申请登记的成果须在科技厅门户网站公示 15 天，无异议的，由科技成果登记机构出具科技成果登记证书。

5.2 科技奖励管理

为奖励在科学技术进步中做出重要贡献的单位和个人，鼓励科技工作者的积极性和创造性，促进科学技术的发展，国家设立了各类、各级别的科技奖励，包括地方政府组织的科技奖和行业科技奖，如国家自然科学奖、国家技术发明奖、国家科学技术进步奖、各省市科学技术奖等。目前省公司系统相关的科技奖项有：

- ◆ 中国电力科学技术奖
- ◆ 国家能源科学技术进步奖
- ◆ 国家电网公司科学技术进步奖
- ◆ 国家电网公司专利奖
- ◆ 省级电力科学技术奖
- ◆ 省级电力公司科学技术进步奖
- ◆ 省级电力公司专利奖
- ◆ 省级电力公司县级供电企业科技成果奖
- ◆ 市级电力公司科技成果奖
- ◆ 市级电力公司县级供电企业科技成果奖
- ◆ 市级电力公司科技创新奖

以上各类科技奖励的申报及评审都有各自独立的一套管理办法，但主要流程基本相同。下面以国网浙江省电力有限公司为样式进行介绍。

5.2.1 （市）省公司科学技术进步奖的管理流程

国网浙江省电力有限公司科技信通部（智能电网办公室）是科技进步奖励管理的归口部门，管理流程如图 5-2 所示。

省公司			基层单位	
科技创新领导小组	科技信通部 (智能电网办公室)	科技成果完成部门	科技成果管理部门	科技成果完成部门

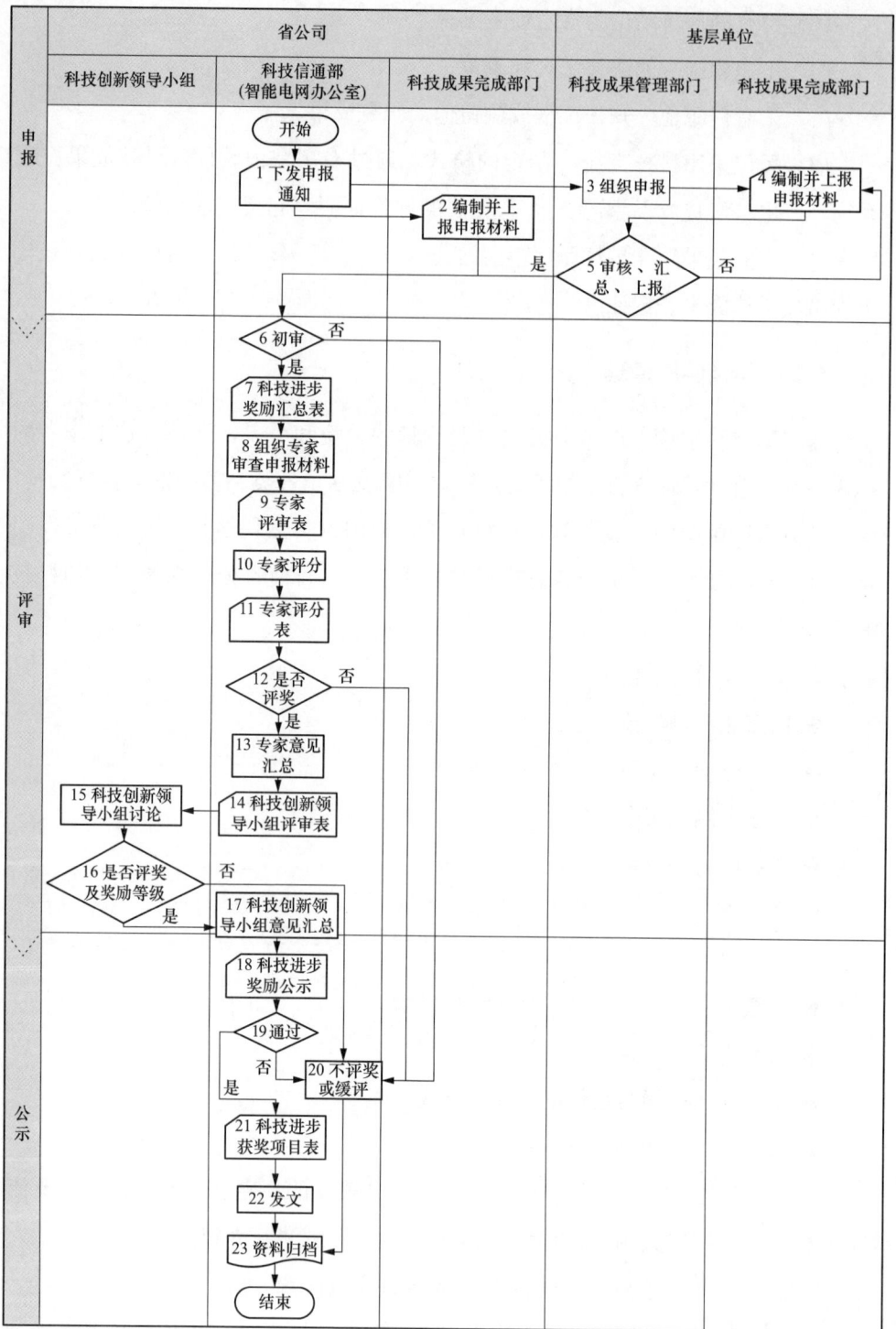

图 5-2　科技进步奖管理流程

省公司科技信通部（智能电网办公室）下发科技进步奖申报通知后省公司成果完成单位按要求编制科技进步奖申报材料并上报省公司科技信通部（智能电网办公室）。基层单位科技成果管理部门组织科技进步奖申报，各基层部门编制科技进步奖申报材料并上本单位科技成果管理部门，基层单位科技成果管理部门审核、汇总申报材料并上报省公司科技信通部（智能电网办公室）。

省公司科技信通部（智能电网办公室）对申报材料按照要求进行初审，如符合申报条件则参加专家评审，如不符合申报条件则不参加本年度评奖。省公司科技信通部（智能电网办公室）根据初审情况编制科技进步奖励汇总表后交评审专家对申报材料进行审查。省公司科技进步奖评审专家从项目水平、创新程度、难易程度、经济效益和社会效益以及存在的问题等几方面给出评审意见，形成科技进步奖励专家评审表，评审专家根据评分情况，形成科技进步奖励专家评分表。

省公司科技进步奖评审专家确定项目是否评奖，如同意评奖则该项目参加科技创新领导小组评审，如不同意则不评奖或缓评奖。省公司科技信通部（智能电网办公室）根据专家意见汇总情况形成科技进步奖励科技创新领导小组评审表。省公司科技创新领导小组根据专家评审情况集体讨论确定各项目是否评奖及奖励等级，如评奖则项目进行公示，如不则不评奖或缓评。

省公司科技信通部（智能电网办公室）汇总科技创新领导小组评审意见并对科技创新领导小组评定的获奖项目进行公示。省公司科技信通部（智能电网办公室）对不符合申报条件或经评审未达到评奖条件的项目不予评奖或缓评，然后根据公示情况形成科技进步奖获奖项目表并发文和相关资料进行归档。

科技奖励通常每年评审一次，设立一等奖、二等奖和三等奖，本节以国网浙江省电力有限公司科学技术进步奖为例，介绍科技奖励的流程和有关要求。

5.2.2 科技奖励推荐条件

推荐国网浙江省电力有限公司科技进步奖的成果应是三年内完成的项目，项目需在公司系统中应用实际应用一年以上，通过鉴定或验收且已获得推荐单位科技一、二等奖。公司科技进步奖推荐项目应当符合下列条件：

（1）技术创新性突出：在技术上有重要的创新，特别是在高新技术领域进行自主创新，形成了产业的主导技术和名牌产品，或者应用高新技术对传统产业进行装备和改造，通过技术创新，提升传统产业，增加行业的技术含量，提高产品附加值；技术难度较大，解决了行业发展中的热点、难点和关键问题；总体技术水平和主要技术经济指标达到了行业的先进水平。

（2）经济效益或者社会效益显著：所开发的项目经过半年以上较大规模的实施应用，产生了很大的经济效益和社会效益，实现了技术创新的市场价值或者社会价值，为电力生产安全和电网发展做出了很大贡献。

（3）推动行业科技进步作用明显：项目的转化程度高，具有较强的示范、带动和扩散能力，提高了行业的整体技术水平、竞争能力和系统创新能力，促进了产业结构的调整、优化、升级及产品的更新换代，对行业的发展具有很大作用。

（4）已推荐过，并经评审获奖或未获奖（包括题目不同、内容相似）的成果，原则上不能再次推荐。如果在两年后的研究开发活动中该成果获得新的实质性进展，并符合奖励办法及本细则有关规定条件的，可以按照规定的程序重新推荐，并需提交详细的情况说明。

（5）已获奖的开发成果，如果在三年后的推广应用实施过程中取得了显著的经济效益、社会效益及安全效益，可以补充推广应用材料作为先进技术推广应用类成果推荐奖励。

（6）凡存在知识产权以及有关完成单位、完成人员等方面争议的，在争议未解决前不得推荐参加公司科技进步奖评审。

5.2.3 科技奖励推荐材料要求

公司科技进步奖申报材料采用纸质书面版和网络电子版两种形式在规定的时间内同时报送，申报材料包括：

（1）推荐奖励便函一份。

（2）科技进步奖推荐项目汇总表一份。

（3）《国网浙江省电力有限公司科学技术进步奖推荐书》一式两份。

（4）《应用证明》一式两份，与推荐书装订在一起。

（5）推荐书的附件材料，如有关成果的工作报告、技术报告、测试报告、用户使用报告、鉴定或评审证书、科技项目完成验收证书、科技查新报告、专利证书、计算机软件著作权登记证书、经济及社会效益分析报告等，要求简装，提交一份。

5.2.4 科技奖励评审程序

省公司科技进步奖实行专家评审和公司科技创新领导小组两级机构的评审制，按照一定的评审程序和规则对推荐的项目就其特点、科技创新水平、技术复杂程度、应用后所产生的经济或社会效益、对推动公司电力科技进步的作用和意义进行综合评定。

1. 初审

省公司科信部负责申报项目的初审工作，主要初审内容有：

（1）对申报项目进行形式审查，是否符合评审标准要求；

（2）项目推荐书及其附件是否齐全、合格，装订打印是否符合要求；

（3）申报项目的技术内容和效益计算是否真实，是否存在产权争议；

（4）应用证明是否合格；

（5）主要完成单位、主要完成人资格及排序是否符合规定，是否存在异议。

经初审不符合申报条件的项目不予参加本年度评奖；符合申报条件但项目材料不完整的应在规定的时间内对申报材料进行修改完善，补正合格后参加评奖；逾期不补正或者经补正后仍不合格的，不提交评审。

2. 专家评审

科技信通部组织相关专家对申报项目进行专业技术评审，评审专家应具有以下条件：

（1）具有高级技术职称。

（2）具有较高的学术、技术水平和较丰富的实践经验，熟悉国内外同行科技、技术领域发展状况，知识面宽。

（3）具有良好的职业道德。

专家评审一般按技术领域进行分组，组内专家集体听取主审专家汇报所审项目的审查情况及打分结果，在集体讨论的基础上每位专家对所有项目进行评分和评价，将评分结果汇总后进行排序，并提出建议奖励等级，形成评审组意见。

3. 终审

省公司科技创新领导小组负责科技进步奖的终审，省公司科技创新领导小组根据专家评审情况，集体讨论后采用无记名投票方式评定。

公司科技进步奖的特等奖成果应当由到会的五分之四及以上成员多数通过有效；一等奖成果应当由到会成员的三分之二及以上多数通过有效；二等奖和三等奖成果应当由到会成员的二分之一及以上多数通过有效。

4. 公示

省公司科技创新领导小组终审的获奖项目，授奖前由省公司科技信通部负责在省公司网站上进行公示，征求异议。自公告之日起十五个工作日内为异议受理期，在异议受理期内任何单位和个人均可对获奖项目提出异议。异议意见应以书面陈述，单位异议应加盖单位公章；个人异议应署明异议人姓名、工作单位、联系地址、电话等。公司科技信通部负责受理异议，科技创新领导小组最终裁定。

5. 奖励通报

获奖项目公示结束后，由省公司发文通报奖励。省公司科技进步奖授奖人数和授奖单位数实行限额，原则上一等奖单位不超过 10 个，人数不超过 15 人；二等奖单位不超过 7 个，人数不超过 10 人；三等奖单位不超过 5 个，人数不超过 7 人。特等奖成果的具体授奖人数和单位数需经专家评审组评审后提出建议，由省公司科技创新领导小组确定。

5.2.5　科技奖励网络评审管理系统

为促进科技奖励申报材料的规范性和完整性，提高科技奖励评审质量和效率，目前各类科技奖项大多有独立的网络评审管理系统，要求通过网络申报，专业评审也在网络中进行。本节以国网浙江省电力有限公司科学技术进步奖网络评审管理系统为例，介绍网络评奖的主要流程和操作要点。

国网浙江省电力有限公司科学技术进步奖网络评审管理系统的整体架构参照国家电网公司科技进步奖管理系统，可以实现数据同步迁移，并具有独立性。它由科技成果登记、网络推荐管理、网络评审管理、专家信息管理、获奖项目管理等 5 个部分构成。该系统是基于 Web 形式开发的网络推荐系统，可以实现申报单位的授权登录。申报单位按照"国网浙江省电力有限公司科学技术进步奖推荐书"格式和内容要求，网上填写推荐书、提交技术评价扫描件等佐证材料、打印制式推荐书，从而实现推荐项目网上逐级报送工作，项目推荐流程如图 5-3 所示。

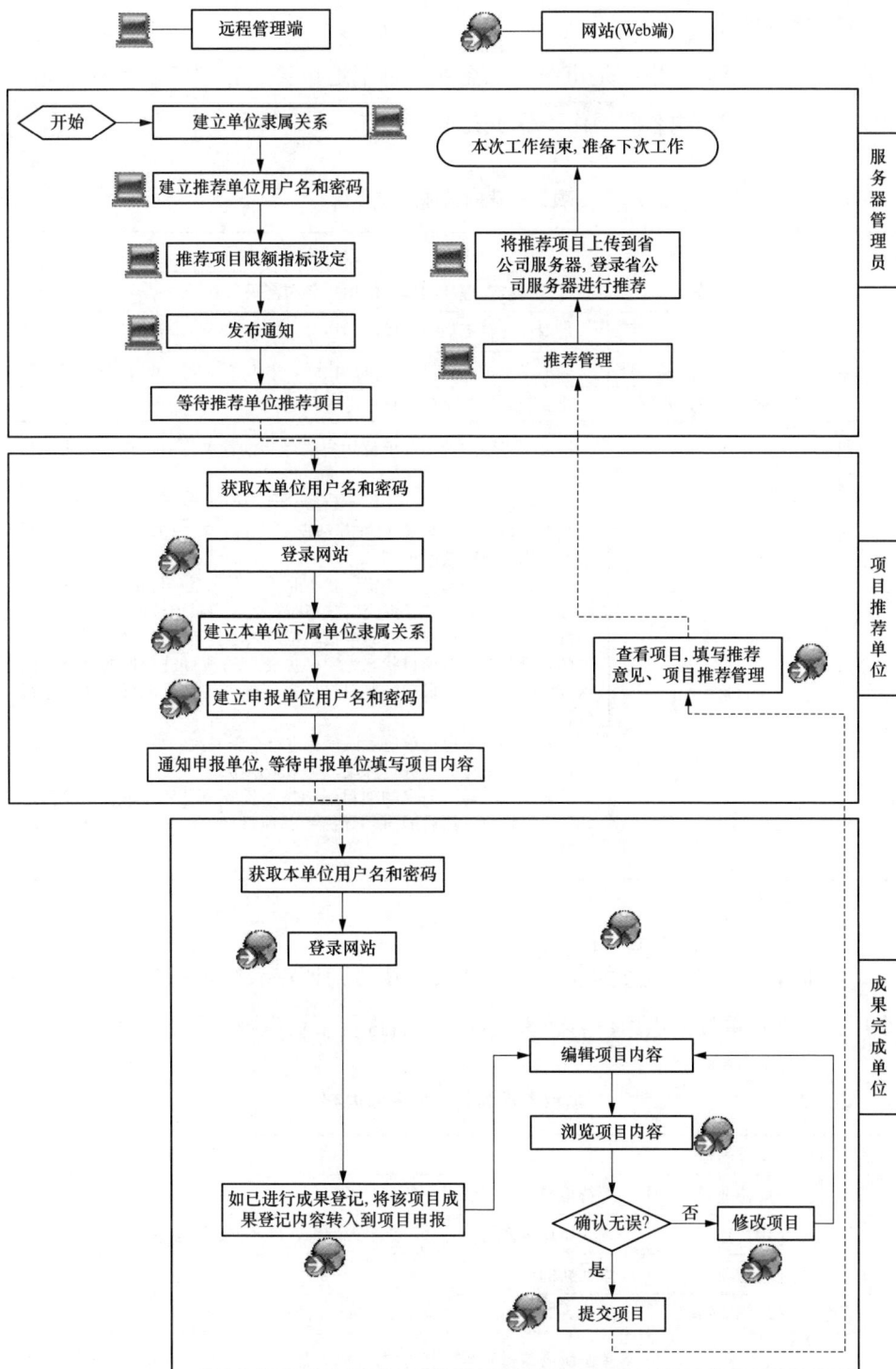

图 5-3 项目网络推荐流程图

1. 项目推荐

具有项目推荐资格的是市级供电企业，每个地市科技管理专职为推荐单位用户，其主要工作内容和操作步骤如表 5-1 所示。

表 5-1　　　　　　　　　　　　项目推荐的具体操作步骤

序号	步骤名称		内容
1	等待通知		等待科技管理部门提供的用户名和密码
2	用户登录		根据科技管理部门提供的用户名密码登录网络推荐系统
3	单位管理	单位隶属关系管理	添加本单位下属机构的单位代码、单位名称及其隶属关系
		申报单位用户管理	建立下属推荐单位用户账号
4	通知下属单位		根据上步建立的推荐单位用户账号和推荐单位用户账号，通知相关单位
5	项目推荐		观察本单位项目申报和推荐情况。项目状态分正编辑、已提交、推荐和退回修改为四种。 （1）当项目处于"正编辑"状态时，表示申报单位正在进行填报。 （2）当项目处于"已提交"状态时，表示申报单位已经填报结束，向推荐单位进行申报（此时申报单位对该项目不能进行修改）。 （3）推荐单位对项目状态为"已提交"的项目进行形式审查，确认推荐书无误后，根据需要对这些需要推荐的项目进行排序并进行推荐。 （4）如果需要申报单位对该项目进行重新修改，单击"退回修改"即可，申报单位即可进行修改，并重新申报。 推荐单位对需要上报的项目逐项填写推荐意见后，单击"项目推荐"进行推荐，然后通过"导出推荐项目清单汇总"进行导出，然后打印，盖章

2. 项目申报

经推荐单位审核通过的项目可以进入科技奖励评审系统进行项目申报，每个项目由推荐单位提供用户名和密码，登录后进行项目申报，如表 5-2 所示。

表 5-2　　　　　　　　　　　　项目申报的具体步骤和内容

序号	步骤名称	内容
1	等待通知	等待推荐单位提供用户名和密码
2	用户登录	输入用户名密码登录，修改个人信息，以便上级单位进行联系
3	新增项目	添加新的项目
4	浏览通知	随时查看通知，了解相关要求和实时通知
5	编辑推荐书内容	单击所需编辑的项目前的"选择"，然后单击"编辑推荐书内容"，进入推荐书录入界面，按照从左至右、从上到下的顺序逐项录入推荐书内容

续表

序号	步骤名称	内容
6	浏览推荐书内容	录入完成后可单击"浏览内容",查看推荐书内容是否填写完整
7	生成推荐书	生成 WORD 格式的推荐书。由于该推荐书的生成是服务器来完成,此处只是执行相关命令 推荐书生成成功后,点击蓝色部分即可下载查看或打印
8	打印推荐书	打印推荐书
9	提交项目	(1) 确认推荐书无误后单击"重选项目"回到项目选择页面,选择项目,并单击"提交项目"按钮。 (2) 此功能主要是通知推荐单位,此推荐书已填写完成

3. 网络编辑推荐书注意事项

(1) 用户必须在规定时间内完成申报和推荐。

(2) 详细科学技术内容的填写应按模板要求,先下载模板,完成后转换成 PDF 格式再上传。

(3) 附件用 PDF 格式上传,文件大小须小于 200KB,技术报告须小于 4MB。

(4) 所有附件的盖章页尽量使用彩色扫描,转换成 PDF 格式后上传。

(5) 推荐书填写完成后,可生成推荐书(WORD 格式),书面推荐书应与此版本一致。若对网络填报内容进行修改,需要重新生成推荐书。

4. 其他科技成果奖网络评审管理系统

其他奖励网络评审管理系统与省公司科技进步奖评审系统的整体结构相似,推荐用户和申报用户的操作也基本相同。区别在于所要求的填报内容要求不一样,如浙江省公司县级供电县级奖填报中没有项目简介和详细科学技术内容,只需填写"简要说明";技术评价证明只需填报科技项目的验收意见,无需填报曾获科技奖励情况等。

5.3　科技成果文档的管理

科技成果管理过程中,文档编制是一项十分重要的工作内容,文档材料的完整性和编制质量往往影响最终结果,必须高度重视成果鉴定(评审)和报奖有关文档的编制。首先,应确保所提交文档的完整性,根据相关通知要求,所有文档必须齐备,缺一不可。其次,要保证文档的规范性,如鉴定材料中的工作报告、用户使用报告等都有统一的模板,且在规定的地方盖章、签字,不能另辟蹊径。本节介绍科技成果鉴定（评审）和奖励申报文件编制的注意点和常见问题。

5.3.1 鉴定（评审）文档编制要点

科技成果鉴定（评审）资料是准确、客观反映科技成果全貌的依据，技术资料是否齐全、完整、正确和统一，直接关系到专家对成果的技术水平、技术难度、经济和社会效益、促进科技进步作用等方面做出客观、科学、公正、准确的评价，也是项目能否顺利通过专家鉴定的关键。表5-3为省公司科技成果鉴定（评审）资料形式审查汇总表。

表5-3 ××省电力有限公司科技成果鉴定（评审）资料形式审查汇总表

序号	成果名称	完成单位	（申请单位盖章）鉴定申请书	项目验收报告（证书）	工作报告	技术报告	第三方测试报告（第三方、签字盖章）	用户使用报告（使用单位盖章）	（财务盖章）经济和社会效益分析报告	查新报告	（论文、专利等）其他材料
1											
2											
3											

编制成果鉴定（评审）资料时，应注意以下几点：

（1）所有报告应突出该项科技成果的科学性、逻辑性、新颖性和可信度。对各种报告文章结构、词句、条款、格式需仔细推敲，避免因材料总结不当，造成鉴定结论不全面，甚至不能通过专家鉴定的后果。

（2）工作报告和技术报告要求尽量使用科普性语言，以实验结果、原始资料及数据等作为佐证，如引用他人研究成果或理论依据，须注明出处。

（3）对应用技术成果，要解释成果使用的时间、地点、条件和步骤等相关内容，阐明成果的性质和意义。

（4）以阐述成果的创新点为主线，所有报告应围绕创新点展开，有足够的论据支持论点，做到确实可靠，不"造新"，不单纯追求篇幅大小。

5.3.2 鉴定（评审）文档的常见问题

（1）工作报告、技术报告内容交叉，且不符合报告撰写规范。

（2）技术报告、鉴定意见中有关创新点的表述与查新报告中的表述相差甚远，甚至不属于同一内容。

（3）检测报告与成果鉴定的名称不符或范围相差较大。

（4）数据、图表、计量单位不符合要求或使用作废的标准、数据不统一、样本数量小。

（5）专利名称与鉴定成果关系不大，专利权人不是成果完成单位。

（6）成果主要研制人员的名字出现在检测报告、鉴定委员会名单中。

（7）经济效益分析报告不规范，效益分析缺少依据。

（8）用户报告不符合规范，未明确成果使用的时间、地点、应用范围、应用人、应用效果等。

（9）成果应用单位的业务范围与鉴定成果关系不大。

5.3.3 科技奖励推荐书的编制要点

科技奖励推荐书是项目申报最重要的文档，编制前需认真阅读推荐书填写说明，同时精心准备相关的附件材料。表 5-4 为省公司科技进步奖申报材料清单。

表 5-4　　　　　　××省电力有限公司科技进步奖材料清单

序号	成果名称	完成单位	推荐书	（鉴定评审证书、验收意见等）技术评价证明	应用证明（用户单位盖章）	查新检索报告	第三方测试报告、技术总结等（其他证明、专利、论文）	主要完成单位排序资格计算表	主要完成人排序资格计算表
1									
2									
3									

编制推荐书时应注意以下几点：

（1）推荐书表述要有一定高度和深度，总体表达方式上要恰当、扣题。要紧扣电网公司科技创新这一主题，立足于国家、行业或公司的角度，阐明该成果在哪些方面起到促进技术进步的作用，解决了哪些问题。

（2）奖励评分指标是专家评审的重要依据，推荐书编制时要紧扣相应的评分表，要进行仔细的研究与推敲，并在推荐书中予以反映。

（3）推荐书的表达要通顺、流畅、明确、精炼，易于阅读理解。要善于综合运用图像、文字与表格等表现方式。要整体考虑，注重前后的衔接、呼应及一致，包括完成人对项目的贡献等信息均要与前面的内容相呼应。项目完成人的贡献可用"经鉴定""经验收"等客观描述，切忌宣传式的、自我评价式的描述。

（4）项目简介要重点突出，文字要简洁精练。需交代立项背景与目的、项目具体内容、项目的成果、创新点与效益。但不可做出主观水平评价。

（5）创新点作为推荐书的核心，是衡量该成果技术进步水平的核心依据。申报单位因将该成果最重要的创新内容进行提炼总结。在创新点表述上，可以查新报告的查新结论为依据。创新点不宜过多，以2～3个创新点为宜。

（6）项目简介、项目详细内容、应用情况、经济效益等，都要为创新点服务，要作为创新点的支撑内容。

5.3.4 科技奖励推荐书编制中的常见问题

（1）推荐书不按要求从网络汇总生成、导出的版本，字体、字号不符合要求、排版不规整、不按要求装订。

（2）申报奖励完成单位、完成人和鉴定证书的排序不一致；名字有错字；人员有变动、增减；随意变动鉴定证书中主要研制人员一栏等。

（3）详细技术内容填写简单，未按总体思路、技术方案与创新成果、实施效果等分三个标题来写，不能全面反映成果情况。

（4）与当前（国内外）同类研究的比较一栏，描述简单、条理不清、亮点不突出；

（5）应用、推广及论文引用情况不能反映项目特点和实际效果。

（6）经济、社会效益情况表不符合要求，缺少计算公式、数据不是效益证明的汇总；年平均效益不进行计算；不该计算的效益计入效益表中等。

（7）主要完成人情况表漏填项目名称，技术贡献填写简单，前三位完成人工作量不到50％，或同一完成人同时参加多个项目报奖，总工作量超100％。

（8）主要完成单位不写全称，对项目的贡献描述简单，缺少公章或盖章页为复印件。

（9）应用证明时间不符合要求，应用单位的盖章不是原件。

（10）查新报告不是奖励认可的查新单位出具，鉴定意见与查新范围不相称。

（11）模仿专家笔迹，擅自改动鉴定意见中的成果水平、专家签字等。

（12）知识产权填写混乱，非成果完成单位的专利作为报奖材料；与本成果无关的专利混进来；申请专利与授权专利混在一起，专利号填写随意。

（13）附件目录不按要求填写，拿各种新闻媒体宣传报道及个人信函的评价作为科学技术评价证明等。

6 科技管理文档命名规范

根据科技项目流程及管理特点，科技项目管理流程由立项、实施、验收、成果评价、成果申报与评奖等环节组成。在以上各环节中，形成了大量的文档资料，需要对这些文档的命名和编写进行规范。经过大量的前期工作，编者总结了一套适用于地县供电企业的科技文档命名规范。实践证明，本规范可以有效地提高项目管理的效率，节省归档和查询时间，下面对科技管理文档的命名规范进行阐述。

6.1 项目立项阶段命名规范

立项阶段需编制的文档包括科技项目可行性研究报告、科技项目估算、项目可研汇报有声幻灯片（可选）、项目储备预审意见、科技项目计划简表。对于以上文档的目录按"科技项目立项阶段文档（×××公司-×××项目）"命名（注：×××公司为单位简称，如湖州公司，下同）。

（1）科技项目可行性研究报告，按"1-×××项目-可研-×××公司"命名。

（2）科技项目估算，按"2-×××项目-估算编制-×××公司"命名。

（3）科技项目可研汇报，按"3-×××项目-可研汇报-×××公司"命名。

（4）科技项目储备预审意见，按"4-×××项目-预审意见-×××公司"命名。

（5）科技项目计划简表，按"5-×××项目-计划简表-×××公司"命名。

（6）科技项目计划简表汇总表（由各单位科技管理部门汇总，上报上级科技管理部门），按"国网浙江省电力有限公司科技项目计划简表汇总表（×××公司）"命名。

6.2 项目实施阶段命名规范

实施阶段需编制的文档包括科技项目任务书、项目实施方案、项目服务采购相关资料（申请表、汇总表、概算细项、评标详评表、招标技术文本、投标人资质要求）、项目外委合同等。

（1）科技项目任务书，按"×××项目-项目任务书-×××公司"命名。

（2）科技项目实施方案，按"×××项目-实施方案-×××公司"命名。

（3）服务采购相关文档包括汇总表、需求一览表、概算细项、技术规范书，对于以上文档的打包压缩文件按"科技项目服务采购（×××项目-×××服务-×××公司）"命名。其中：

1）服务采购申请汇总表（由各单位科技管理部门汇总，上报上级科技管理部门），按"科技项目服务采购申请汇总表（×××公司）"命名；

2）服务采购申请表，按"1-×××服务-申请表-×××公司"命名；

3）服务采购需求一览表，按"2-×××服务-采购需求一览表-×××公司"命名；

4）相关服务的概算细项，按"3-×××服务-概算细项-×××公司"命名；

5）技术规范书，按"4-×××服务-技术规范书-×××公司"命名；

（4）项目外委合同，按"×××项目-技术开发（委托）合同-×××公司"命名。

6.3 项目验收阶段命名规范

验收阶段需编制的文档包括形式审查汇总表、验收申请表、工作报告、技术报告、测试报告、用户使用报告、经济和社会效益分析报告、经费决算报告、项目完成情况汇总表、项目验收报告（草稿）、项目总结报告幻灯片11个文档。其他需要提供的文档包括项目任务书、实施方案审定稿、中标通知书、审计报告（由会计师事务所出具，总部及省控项目必须提供）、合同、论文（若有）、专利申请或授权证书（若有）、软件著作权（若有）、查新报告（若有）、规章制度（若有）等。对于以上文档的打包压缩文件按"科技项目验收阶段文档（×××项目-×××公司）"命名。项目材料需要根据实际情况依次编号。

（1）形式审查汇总表，按"×××项目-形式审查汇总表-×××公司"命名。

（2）验收申请表，按"1-×××项目-验收申请表-×××公司"命名。

（3）项目任务书，按"2-×××项目-任务书-×××公司"命名（总部及省控项目）。

（4）项目实施方案，按"3-×××项目-实施方案-×××公司"命名。

（5）项目工作报告，按"4-×××项目-工作报告-×××公司"命名。

（6）项目技术报告，按"5-×××项目-技术报告-×××公司"命名。

（7）项目测试报告，按"6-×××项目-测试报告-×××公司"命名。

（8）用户使用报告，按"7-×××项目-用户使用报告-×××公司"命名。

（9）经济和社会效益分析报告，按"8-×××项目-经济和社会效益分析报告-×××公司"命名。

（10）经费决算报告，按"9-×××项目-经费决算报告-×××公司"命名。

（11）审计报告，按"10-×××项目-审计报告-×××公司"命名（总部及省控项目提供，县公司及群创项目暂不提供）。

（12）完成情况汇总表，按"11-×××项目-完成情况汇总表-×××公司"命名。

（13）项目验收证书，按"12-×××项目-验收证书（×××公司）"命名（县公司及群创项目提供）。

（14）项目验收报告，按"12-×××项目-验收报告-×××公司"命名（总部及省控项目提供）。

（15）项目验收总结报告，按"×××项目-验收总结报告-×××公司"命名。

（16）项目外委合同，按"13-×××项目-技术开发（委托）合同-×××公司"命名。

（17）论文，按"14-论文-×××（论文名称）-发表/未发表"命名。

（18）授权专利，按

"15-1 授权专利（发明/实用新型/外观）1-名称-ZL-×××××.×"，

"15-2 授权专利（发明/实用新型/外观）2-名称-ZL-×××××.×"，

......

命名；

受理专利，按

　　"15-3 受理专利（发明/实用新型/外观）1-名称-×××××.×"，

　　"15-4 受理专利（发明/实用新型/外观）2-名称-×××××.×"，

　　……

命名。

（19）软件著作权，按"15-5 软件著作权-×××（软件著作权名称）"命名。

（20）查新报告，按"16-×××项目-查新报告"命名。

（21）规章制度，按

　　"17-1 规章制度 1-×××（规章制度名称）-下文/未下文"，

　　"17-2 规章制度 2-×××（规章制度名称）-下文/未下文"，

　　……

命名。

6.4　项目鉴定及成果评审阶段命名规范

鉴定阶段需提供的文档包括科技成果鉴定申请书、工作报告、技术报告、测试报告、用户使用报告、经济和社会效益分析报告、成果鉴定证书、项目验收报告、查新报告、鉴定资料形式审查汇总表以及项目工作报告和技术报告幻灯片12个文档。其他需要提供的文档包括论文（若有）、专利申请或授权证书（若有）、软件著作权（若有）、规章制度（若有）等。对于以上文档的打包压缩文件按"科技成果鉴定阶段文档（×××项目-×××公司）"命名。

（1）成果鉴定申请书，按"1-×××成果-鉴定申请书-×××公司"命名。

（2）工作报告，按"2-×××成果-工作报告-×××公司"命名。

（3）技术报告，按"3-×××成果-技术报告-×××公司"命名。

（4）测试报告，按"4-×××成果-测试报告-×××公司"命名。

（5）用户使用报告，按"5-×××成果-用户使用报告-×××公司"命名。

（6）经济和社会效益分析报告，按"6-×××成果-经济和社会效益分析报告-×××公司"命名。

（7）成果鉴定证书，按"7-×××成果-科学技术成果鉴定证书-×××公司"命名。

（8）项目验收证书，按"×××项目-验收证书-×××公司"命名。

（9）项目验收报告，按"×××项目-验收报告-×××公司"命名。

（10）形式审查汇总表，按"×××成果-鉴定资料形式审查汇总表-×××公司"命名。

（11）查新报告，按"×××成果-查新报告"命名。

（12）成果鉴定工作报告幻灯片，按"工作报告幻灯片（×××成果-×××公司）"命名。

（13）成果鉴定技术报告幻灯片，按"技术报告幻灯片（×××成果-×××公司）"命名。

（14）论文，按"论文-×××（论文名称）-发表/未发表"命名。

（15）授权专利，按

"授权专利（发明/实用新型/外观）1-名称-ZL-×××××.×"，

"授权专利（发明/实用新型/外观）2-名称-ZL-×××××.×"，

……

命名；

受理专利，按

"受理专利（发明/实用新型/外观）1-名称-×××××.×"，

"受理专利（发明/实用新型/外观）2-名称-×××××.×"，

……

命名。

（16）软件著作权，按"软件著作权-×××（软件著作权名称）"命名。

（17）规章制度，按

"规章制度1-×××（规章制度名称）-下文/未下文"，

"规章制度2-×××（规章制度名称）-下文/未下文"，

……

命名。

评审阶段需将成果鉴定申请书替换为科学技术进步奖推荐书，命名规则按"1-×××成果-科学技术进步奖推荐书-×××公司"命名。

7 科技项目管理信息化

科技项目管理信息化是指在科技项目实施全过程中，利用信息化手段全面、系统地对项目各阶段实行有效管控、优化管理流程、提高管理效率的一套工作方法。本章将重点介绍 SAP 系统中 PS（项目管理）模块和国家电网公司电子商务平台、科技项目管理平台的相关功能与操作。

7.1 国网电子商务平台介绍

电子商务平台是国家电网公司统一搭建的招标平台，科技项目的服务招标必须通过此平台进行操作。

主要操作步骤为：创建单体工程→上传技术规范书→生成技术规范关联 ID。

外网地址为：http：//ecp. sgcc. com. cn/。

7.1.1 单体工程管理

1. 新建单体工程

编制单位在收到提报需求后，在 ARIBA 系统里面创建单体工程，操作步骤如下：

（1）登录电子商务平台，在主菜单页面选择"采购标准管理"，单击"技术规范编制"按钮，如图 7-1 所示。

（2）单击"创建单体工程"按钮，如图 7-2 所示。

（3）填写单体工程详细信息，单击"创建"按钮，如图 7-3 所示。

（4）创建单体工程成功。

2. 修改或删除单体工程

编制单位对单体工程详细信息进行修改或对单体工程进行删除，操作步骤如下。

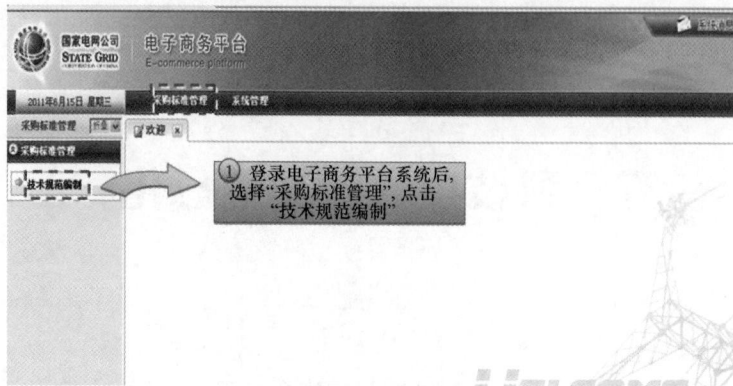

图 7-1   采购标准管理模块

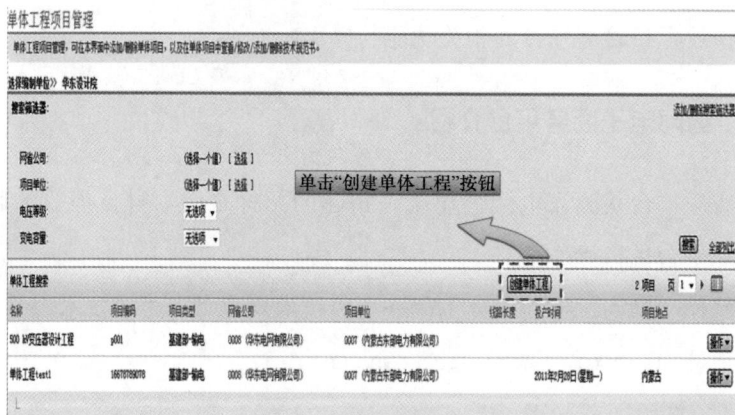

图 7-2   创建单体工程

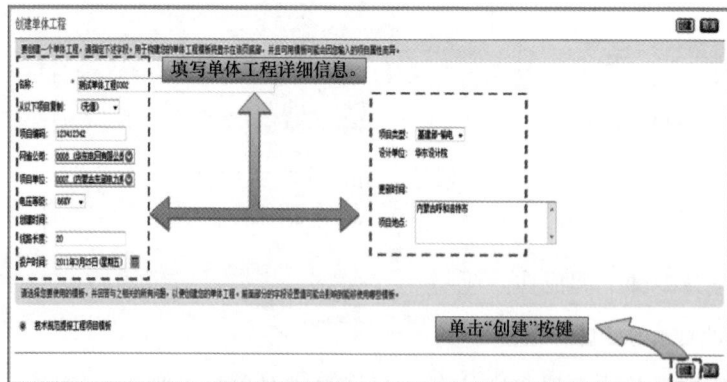

图 7-3   填写单体工程详细信息

（1）选择需修改或删除的单体工程项，单击"操作"按钮，选择"编辑"或"删除"，如图 7-4 所示。

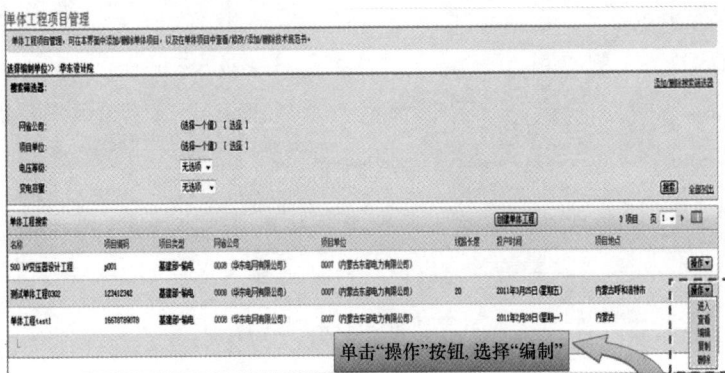

图 7-4　修改或删除单体工程

（2）修改单体工程的详细信息，点击"确定"按钮，如图 7-5 所示。

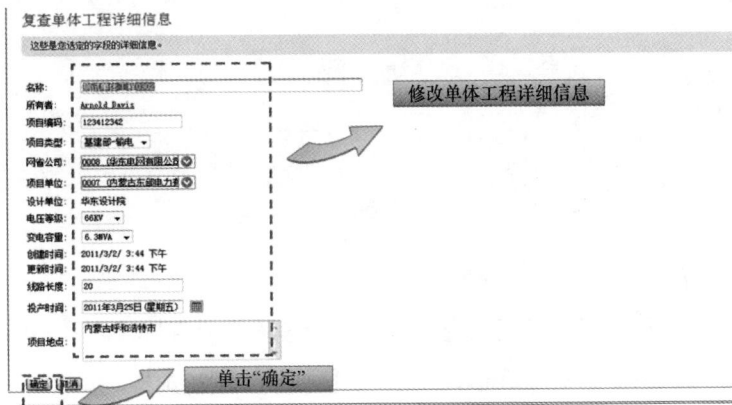

图 7-5　修改单体工程详细信息

（3）修改或删除单体工程成功。

7.1.2　设备选型

1. 填写技术规范

编制单位在单体工程下选择物料编码，填写技术规范，操作步骤如下：

（1）选择单体工程，单击"操作"按钮，选择"进入"，如图 7-6 所示。

（2）单击"创建技术规范"按钮，如图 7-7 所示。

（3）选择物料编码，如图 7-8 所示。

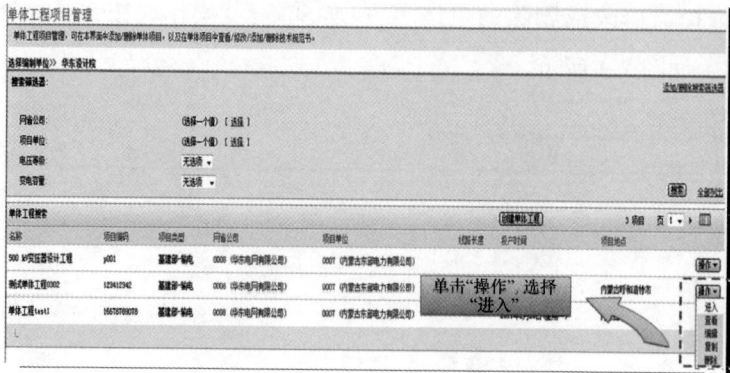

图 7-6 填写技术规范 1

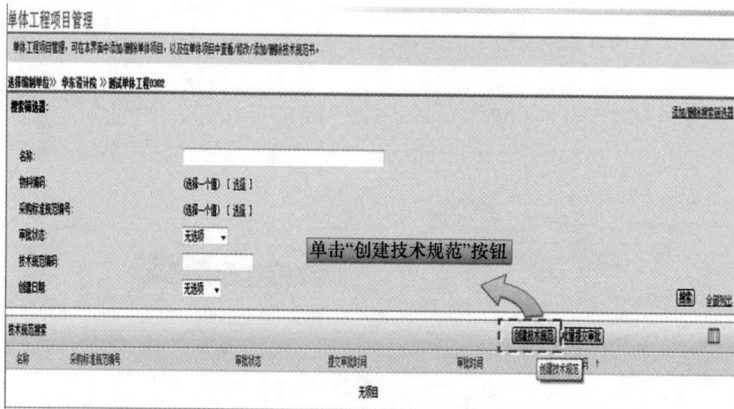

图 7-7 填写技术规范 2

选择物料编码，可通过模糊查询方式进行搜索，或直接输入物料编码。若选择是标准物料，则在系统自动带出的采购标准模板中进行选择，并填写设计人员。

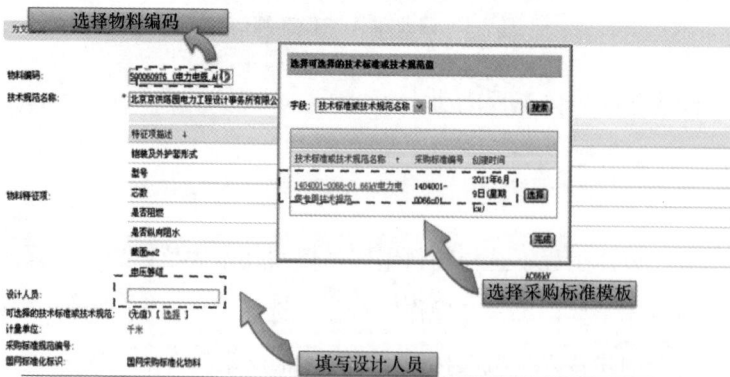

图 7-8 填写技术规范 3

（4）选择专用技术规范后系统会把专用技术规范所对应的通用技术规范自动带出来，

单击"创建"按钮，完成物料编码选择，如图7-9所示。

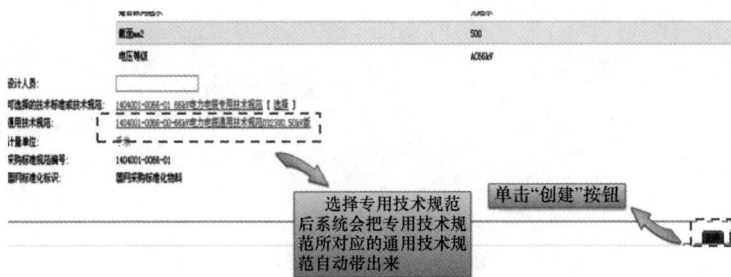

图7-9 填写技术规范4

在系统自动带出来的采购标准模板上填写技术规范，单击"完成"按钮，如图7-10所示。

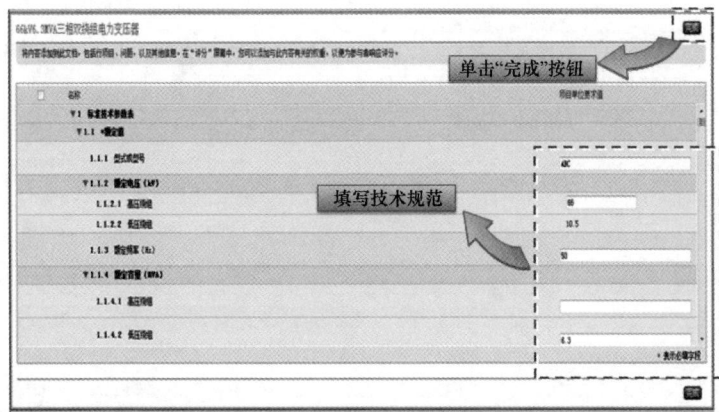

图7-10 填写技术规范5

创建成功，如有差异会在技术规范最下面显示差异表，如图7-11所示。

填写完成后，系统会在物料列表中显示是否有差异列，如图7-12所示。

如果选择的是非标物料，系统带出此物料小类下所有标准物料所对应采购标准模板供选择，如图7-13所示。

并且需要上传物资部的批复文件和选择选择非标的理由，并填写设计人员，如图7-14所示。

图 7-11　填写技术规范 6

图 7-12　填写技术规范 7

图 7-13　填写技术规范 8

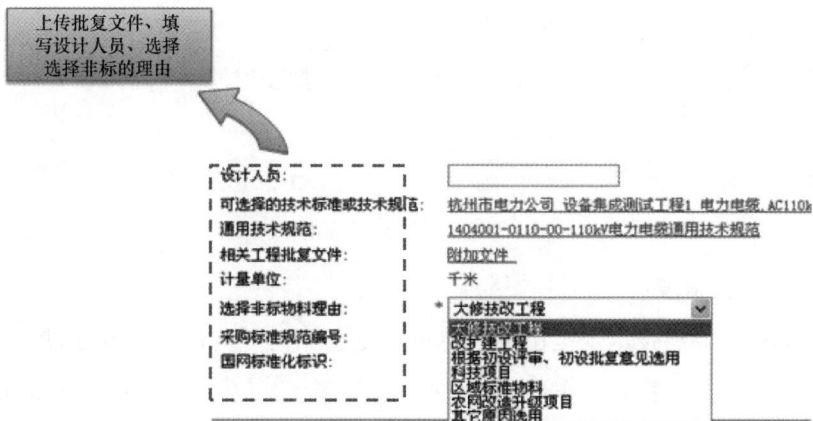

图 7-14　填写技术规范 9

可以根据需要对模板中的技术参数项进行增加或者删除。非标物料不产生差异表，如图 7-15 所示。

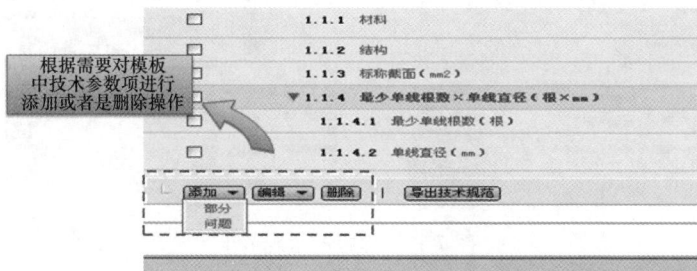

图 7-15　填写技术规范 10

如果所选的物料为未标物料，也需要上传批复文件以及选择选择未标的理由。对于未标物料，则上传附件，如图 7-16 所示。

（5）填写完成后，在单体工程下面显示填写完成的物料列表，如图 7-17 所示。

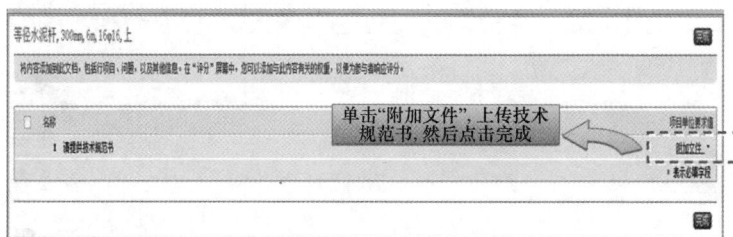

图 7-16　填写技术规范 11

图 7-17　填写技术规范 12

2. 提报技术规范

编制单位导出技术规范由项目单位、专家等线下审核，审核通过后，编制单位在系统提交审批，操作步骤如下。

（1）单击需审批物料行"操作"按钮，选择"查看内容"，如图 7-18 所示。

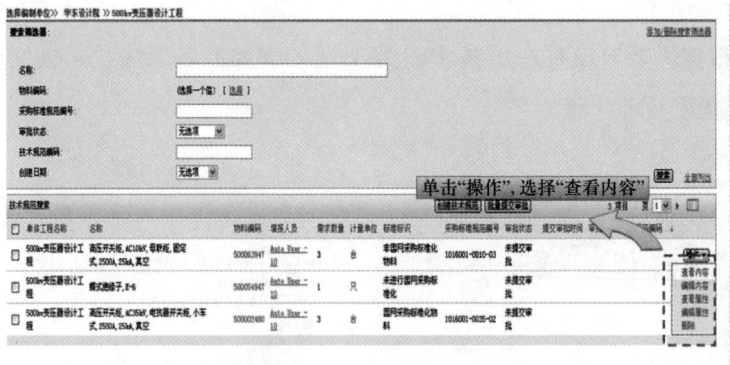

图 7-18　提报技术规范 1

（2）如图 7-19 所示，单击最下面的"导出技术规范"按钮，单击"保存"按钮，选择路径保存到本地。

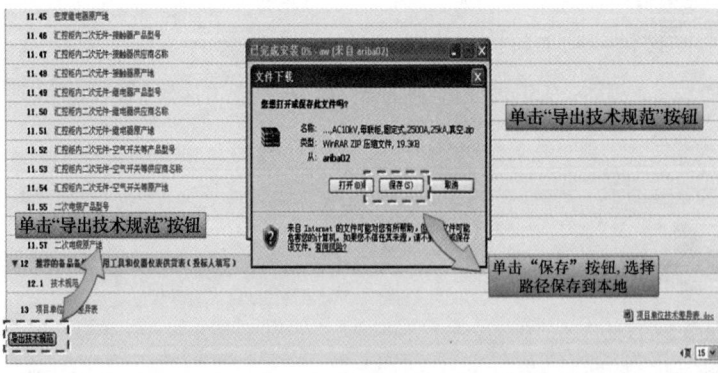

图 7-19　提报技术规范 2

（3）线下审核通过后，在系统中选择需审批技术规范，单击"批量提交审批"，出现提示信息"确定已通过项目部门审核吗?"，单击"确定"按钮，如图 7-20 所示。

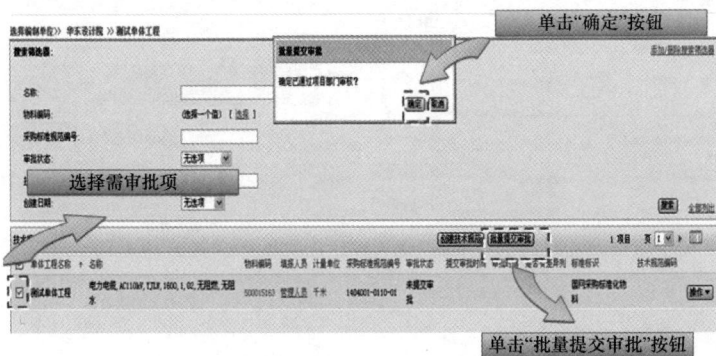

图 7-20　提报技术规范 3

（4）物料列表中显示状态为"等待审批"，如图 7-21 所示。

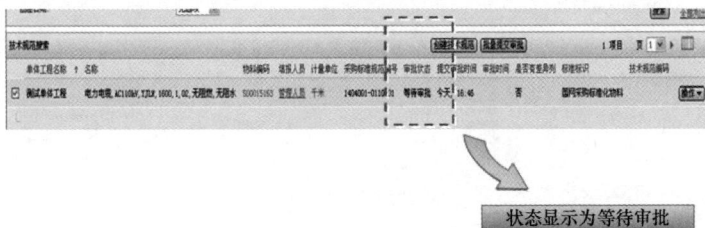

图 7-21　提报技术规范 4

7.1.3　审核技术规范

技术规范的审核与退回由网省公司物资部、总部编制单位进行。

（1）审批人员登录电子商务平台，在主菜单页面选择"采购标准管理"，单击"技术规范审核"按钮，选择需生产关联 ID 的单体工程，单击"操作"按钮，选择"审批技术规范"。如图 7-22 所示。

（2）如果同意，单击"同意"按钮，单击"确定"按钮，审批通过；如果不同意，点击"拒绝"按钮，填写拒绝原因。

（3）若已审核的技术规范需要退回修改，则执行退回操作。首先选择操作类型为"退回修改"，打钩选中需退回的技术规范，单击"退回"按钮，如图 7-23 所示。

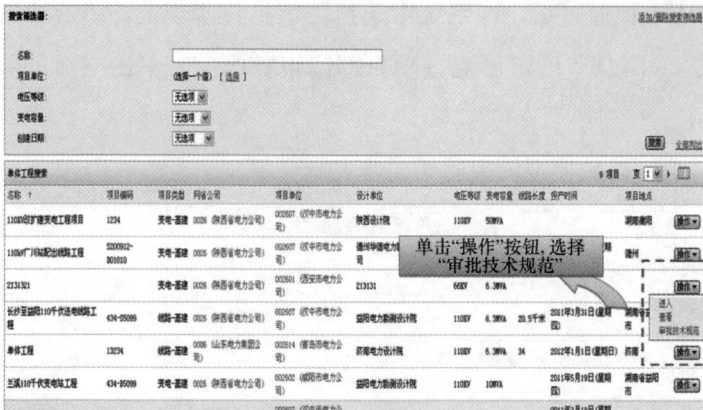

图 7-22　审核技术规范 1

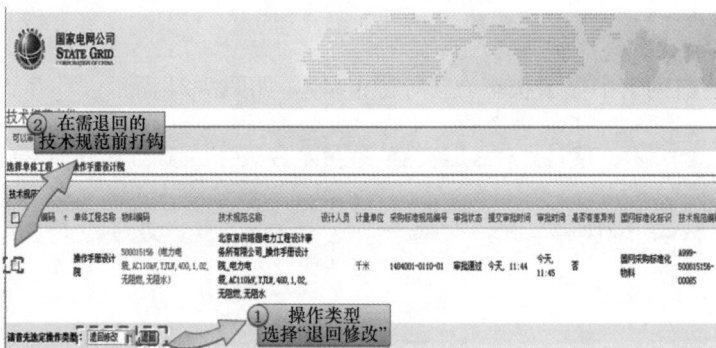

图 7-23　审核技术规范 2

7.2　科技项目 SAP PS 介绍

7.2.1　业务流程

科技项目由省公司统一创建并下达，地市公司和县公司负责物资提报、服务合同创建，具体业务流程如图 7-24 所示。

在以下章节中，我们将结合上述流程，对地市公司和县公司涉及的功能做介绍。

7.2.2　具体操作

1. 项目下达

项目的状态分为系统状态和用户状态。

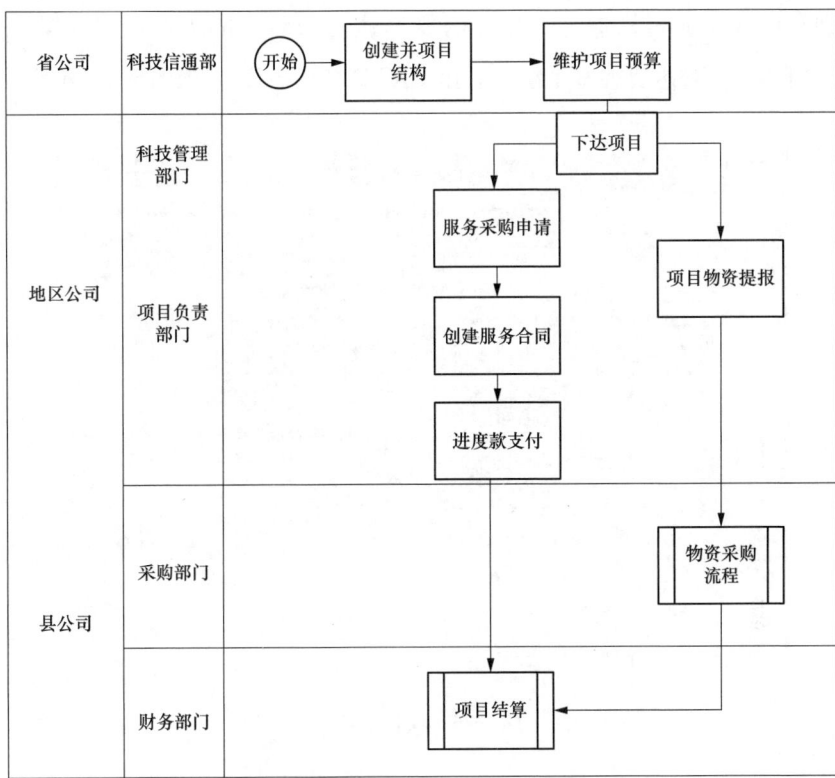

图 7-24　科技项目 SAP 操作流程图

（1）系统状态：CRTD（创建）、REL（释放）、TECO（技术实现）、CLSD
（已结算）。

（2）用户状态：业务部门审批状态，例如 KG 开工、GB 完工。

在登录 SAP 之后，在左上角输入事代码"me21n"，如图 7-25 所示。

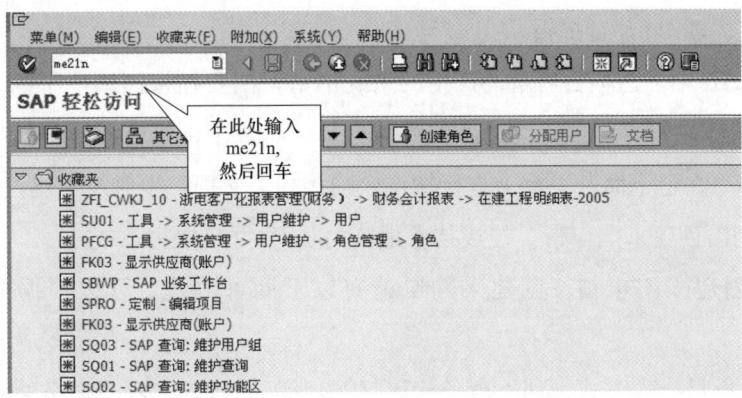

图 7-25　项目下达 1

回车后进入项目构造器，打开需要下达的项目，依次点击"编辑"-"状态"-"下达"，下达后查看系统状态由 CRTD 变为 REL，如图 7-26 所示。

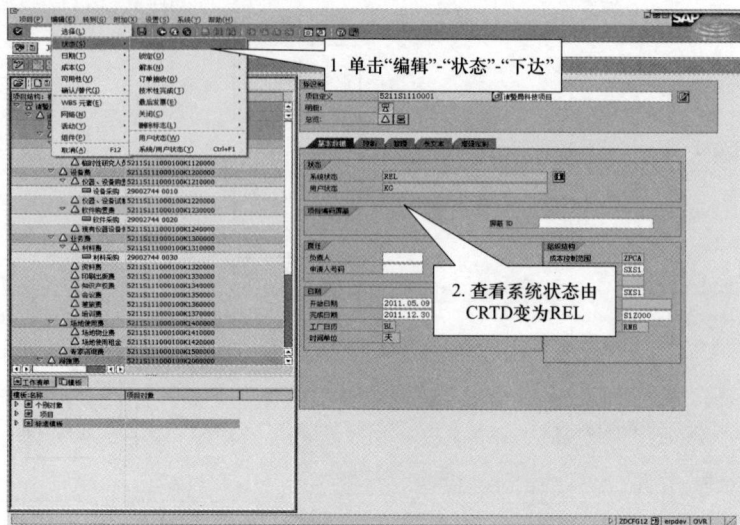

图 7-26　项目下达 2

注意：项目下达之后将无法修改，请检查所有的参数都设置正确之后才下达（项目、WBS、网络中的参数文件、工厂、公司代码、利润中心都需要设置正确）。

2. 服务合同

（1）电子商务平台和 SAP 招标申请提报。

在电子商务平台生成技术规范关联 ID 后，需在 SAP 中创建采购申请，挂接技术规范关联 ID 并且提报。

原 SAP 中下达项目后自动产生的采购申请，因要挂接国网电子商务平台的 ID 而无法使用，需要重新创建新的采购申请。有以下两种方式：科技项目在下达之后，需在电子商务平台上进行操作，挂接相关文档，生成技术规范关联 ID。SAP 中则需创建采购申请，挂接技术规范关联 ID 并且提报。

1）创建采购申请。创建采购申请有以下两种方式，可以根据需要选择一种：

（a）批量导入方式。利用事务代码 ZPS14006，进入"项目服务采购申请创建"的批量导入界面，如图 7-27 所示。

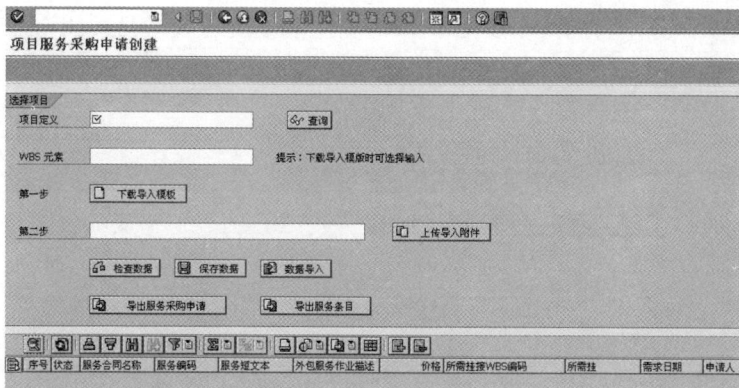

图 7-27　服务合同 1

填写项目定义后，第一步，下载导入的模板。

模板填写规则如下：

在模板中只填写外委服务的这一条 WBS 就可以，其他的结构全部删除。

服务合同名称：项目描述＋服务名称＋合同名称。

外包服务作业描述：服务名称＋合同名。

工程规模：项目名称。

建设地点：××省。

工期：填写项目的估算工期天数。

第二步，上传导入附件，选中填写好的模板，检查数据、保存数据、数据导入，三个按钮分别点一下即可。

（b）手工创建方式。利用事务代码 CJ20N，进入项目构造器界面，如图 7-28 所示。将外部活动组件，拖拽到外委服务的 WBS 下。

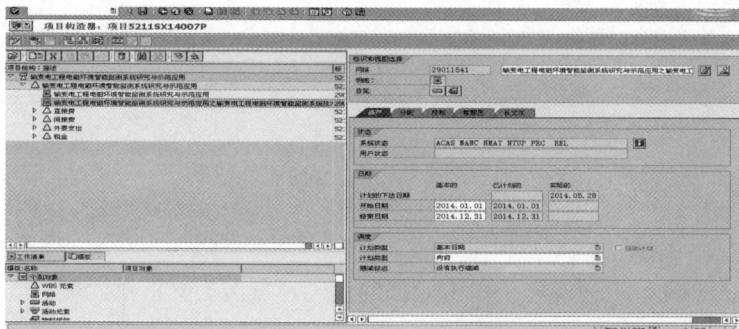

图 7-28　服务合同 2

2）关联商务平台的技术规范书 ID。利用事务代码 ZMM11028，进入批量维护技术规范书 ID 界面，如图 7-29 所示。

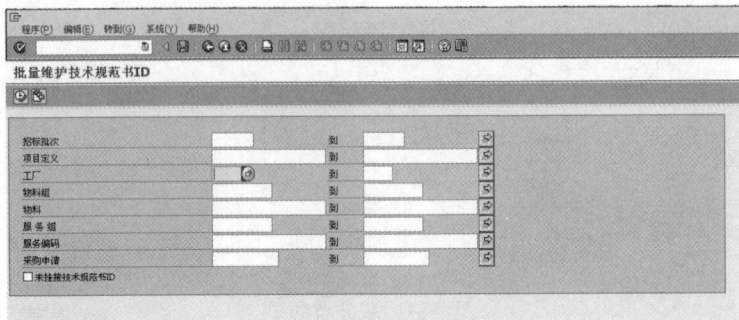

图 7-29　服务合同 3

批次号不用填写，只需填写工厂和采购申请号即可，未挂接技术规范书 ID 上方打钩。进入后，填写国网商务平台的技术规范书 ID 就可以，保存后退出。

3）采购申请提报。利用事务代码 ZMM14064（地市公司）或 ZMM14063（县公司）进入服务申请采购提报界面，如图 7-30 所示。

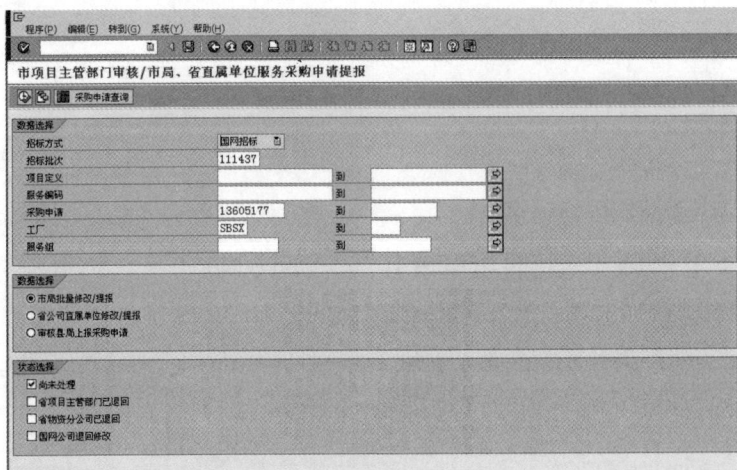

图 7-30　服务合同 4

选择好批次、工厂、采购申请编号，选择好一种状态进入。进入后，对于地市公司的来说，填写好省公司主管部门代码，点击提交审批皆可。

（2）根据采购申请创建采购订单。

项目负责人在科技项目和科技信通部完成任务书签订后进行招投标，和供应商签订服务合同，之后需要在 SAP 系统中根据线外签订合同的结果，在 SAP 系统内参考系统自动生成的服务采购申请创建采购订单。

利用事务代码 ME21N，进入采购订单创建界面查询采购申请，如图 7-31 所示。

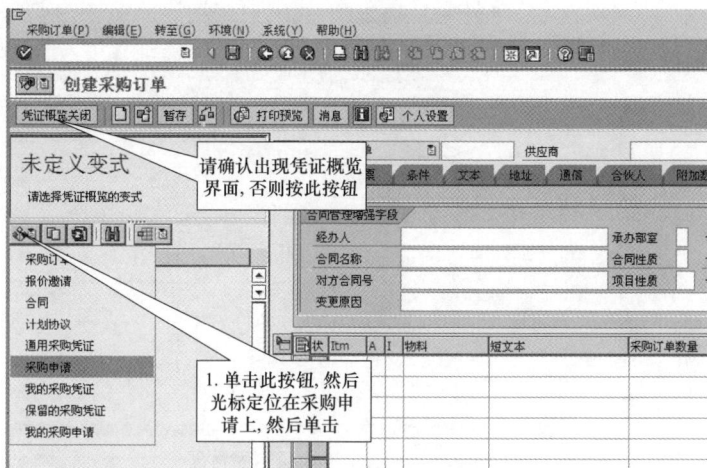

图 7-31　服务合同 5

输入从项目构造器中查看到的对应记录的采购申请号，如图 7-32 所示。

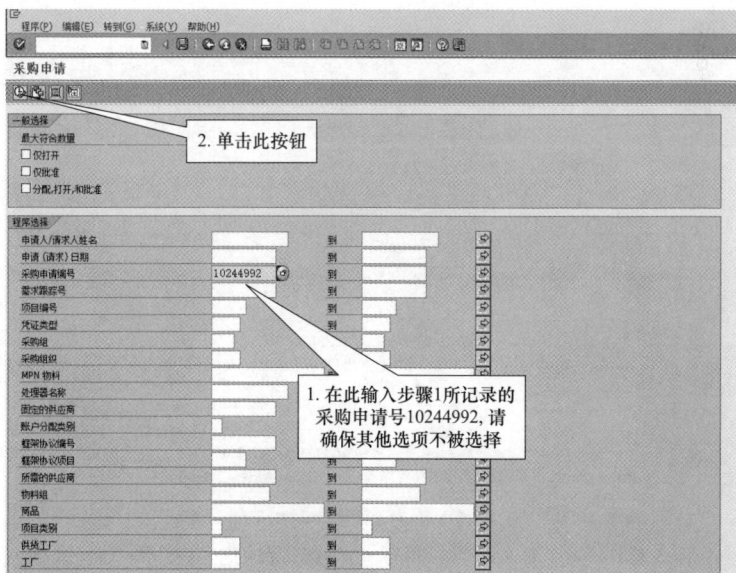

图 7-32　服务合同 6

注意：除采购申请编号字段输入采购申请号外，其他字段均不要填入内容。

单击 回 按钮，采用采购申请行项目，如图 7-33 所示。

图 7-33　服务合同 7

输入服务合同（采购订单）的相关内容：订单类型 F0-服务合同、供应商、服务合同价格，如图 7-34 所示。

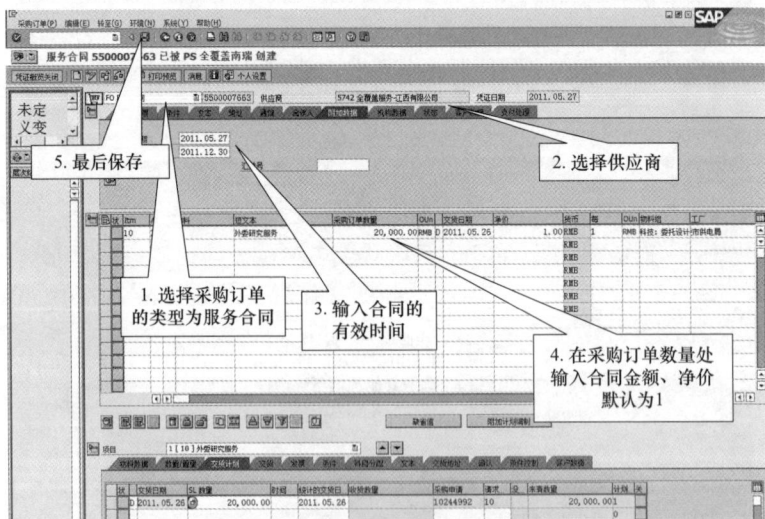

图 7-34　服务合同 8

注意：① 选择供应商时，应按照采购组织限定查找。

② 由于支付进度款的需要，"采购订单数量"字段输入合同金额，"净价"（即单价）处输入"1"。

③ 如果出现警告信息，按回车即可。

④ 最后保存时会出现消息"您保存的是非集中采购订单，请确认"，点击"是"即可。然后会出现消息"系统消息已发出"，点击"是"即可。

（3）服务确认。

项目负责人在需要支付项目服务合同进度款时，首先根据供应商开具的发票金额在系统内进行服务合同确认，待服务合同确认后，将发票、采购订单号提供至财务，进行发票校验。

步骤一：查询项目的采购订单。

利用事务代码 ME2J，进入采购订单查询界面，如图 7-35 所示。

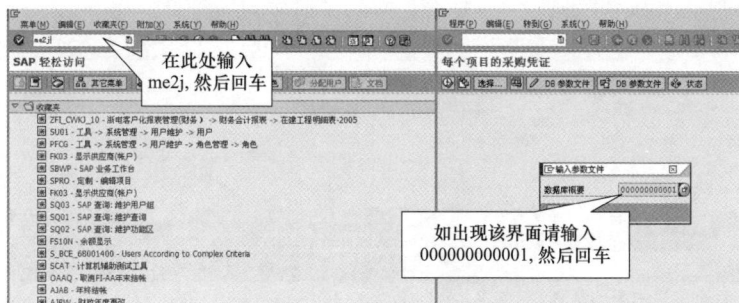

图 7-35　服务合同 9

查询项目的采购订单，如图 7-36 所示。

获得采购订单号后及时记录下来，如图 7-37 所示。

步骤二：对采购订单进行进度款的确认。

利用事务代码 MIGO 进入订单确认的界面（省公司项目利用事务代码为 ML81N），输入需确认的进度款，如图 7-38 所示。

注意：在此步骤完成之后即可将发票、合同、采购订单号等材料提交至财务，财务进行后续的发票校验和付款操作。

（4）查询/修改项目服务采购订单。

需要查询采购订单服务确认情况、发票校验情况等或需要修改采购订单价格时，可以通过事务代码 ME22N 进入订单修改的界面。

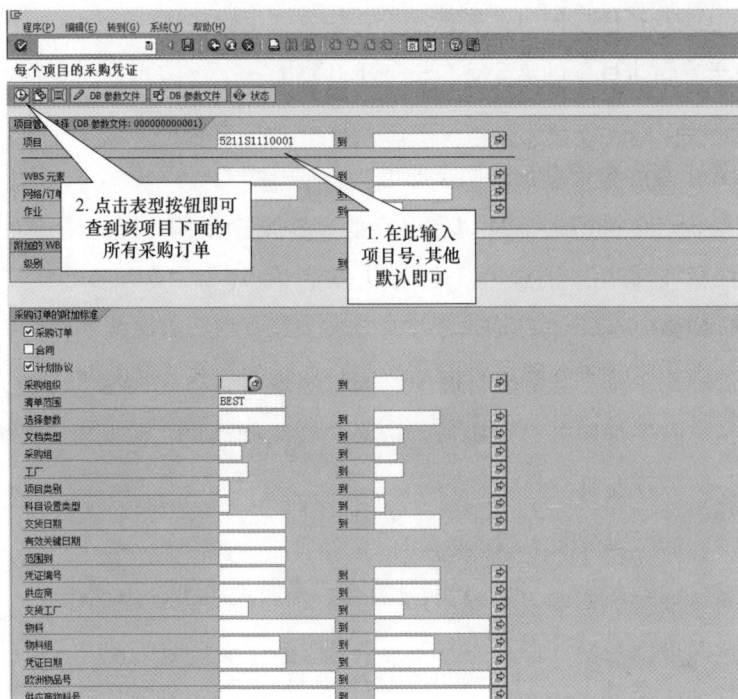

图 7-36　服务合同 10

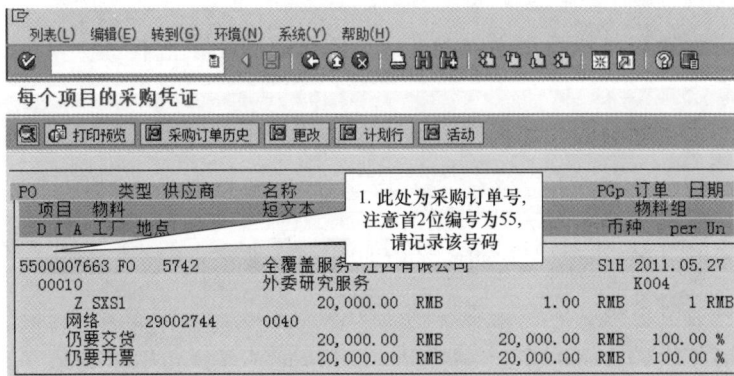

图 7-37　服务合同 11

步骤一：显示采购订单的历史信息，如图 7-39 所示。

步骤二：显示采购订单历史，如图 7-40 所示。

注意：采购订单历史可显示服务确认结果、发票校验结果等。

（5）进度款确认冲销。

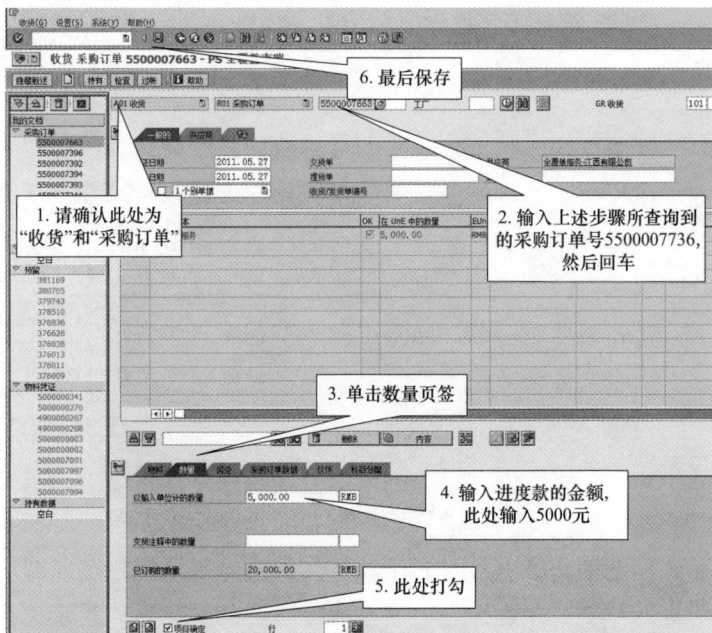

图 7-38 服务合同 12

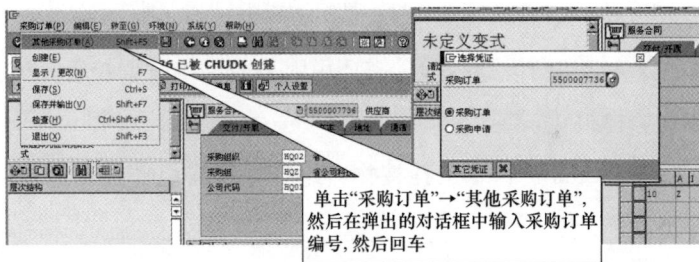

图 7-39 服务合同 13

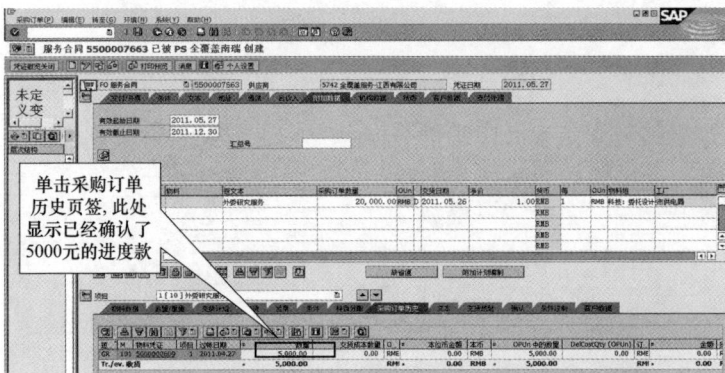

图 7-40 服务合同 14

当已确认的进度款有误时，可以利用事务代码 MIGO 冲销后重新进行确认，如图 7-41 所示。

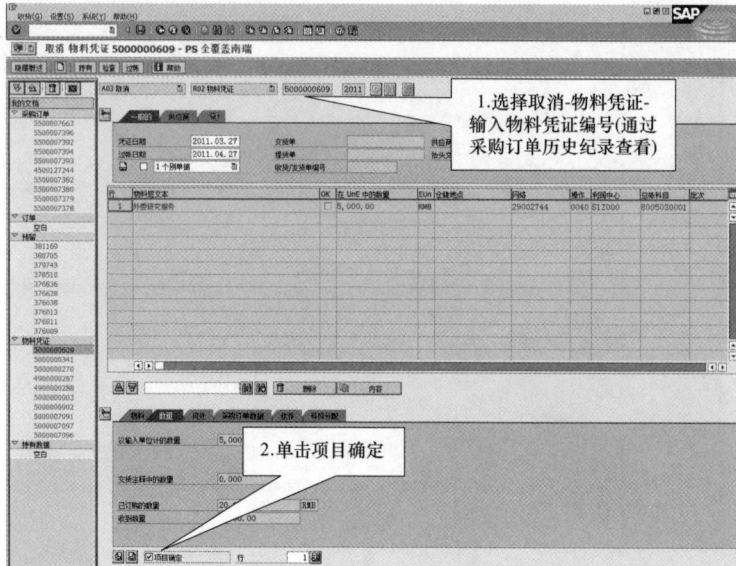

图 7-41　服务合同 15

注意：如财务已进行发票校验，需要由财务先冲销发票校验凭证。

3. 项目物资提报

利用事务码 CJ20N 进行手工挂接物料组件，物料组件挂接在对应的内部活动上，如图 7-42 所示。

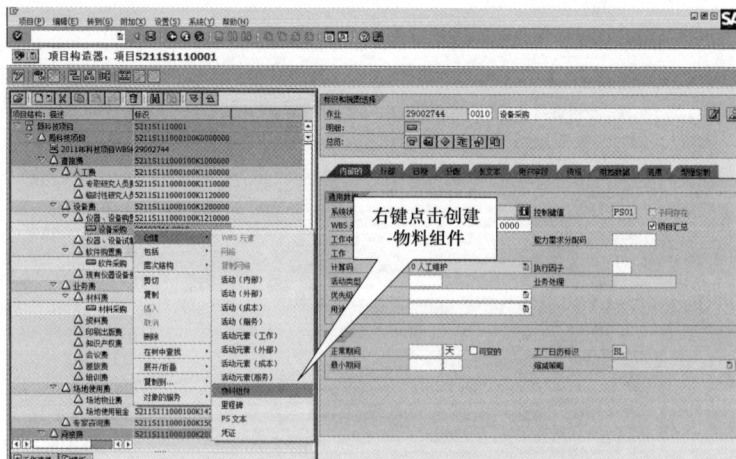

图 7-42　物资提报 1

维护相关信息，如图 7-43 所示。

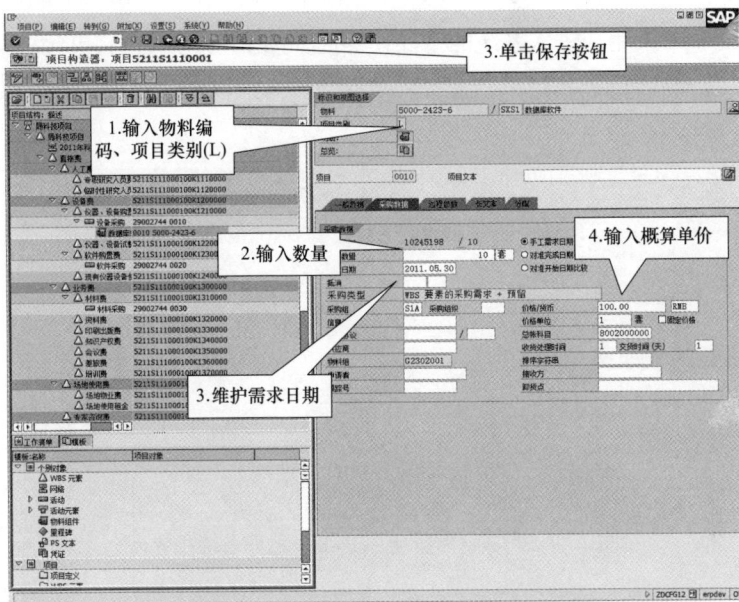

图 7-43　物资提报 2

注意：设备过多时可以用事务代码 ZPS11004 批量导入。

7.3　科技项目管理平台

科技工作管理系统是结合国内外先进的项目管理理念、管理方法和管理工具设计的一套以综合计划为主线，以"人财物"一体化管理为目标，适合公司集团化运作管理特点，具有先进水平及高度可靠性、可用性和开放性的科研项目管理信息系统。

系统通过元数据、工作流、评价体系和全文检索技术为信息系统的整体结构提供技术支撑；通过流程化审批、信息统计查询和可配置报表为科技项目日常管理中的各业务环节提供信息化的解决方案；通过对项目的进展监控、风险监控和项目资料的知识管理为管理人员提供一定的辅助决策功能。

科技工作管理系统主要功能包括规划管理、立项管理、过程管理、结项管理、专家库管理、专家评审、综合管理、系统管理等，其使用范围包括国网总部、网省公司、地市公司及其下属单位的用户群。

7.3.1 系统主界面介绍

用户登录后进入系统的主操作界面，由于权限不同，看到的菜单内容可能会有所不同，末级用户进入系统的主操作界面如图 7-44 所示，它包含了科技项目、专项规划、群创项目三个模块，本章将结合"科技项目"模块进行操作说明。

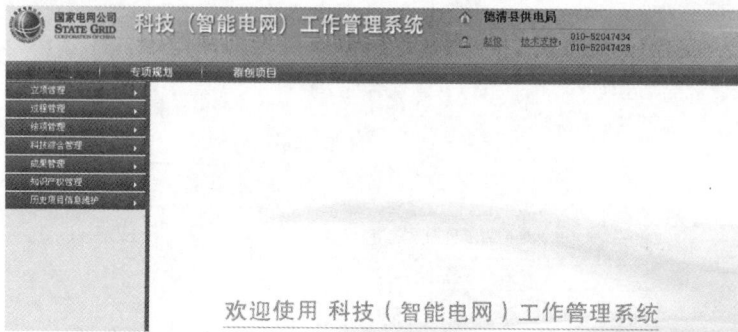

图 7-44 科技（智能电网）工作管理系统主界面

7.3.2 立项管理

1. 计划上报

（1）点击主界面顶端"科技项目"模块按钮进入科技项目的管理操作页面，依次点击"立项管理"→"计划上报"进入计划上报的界面，点击"所在批次"下拉框，可以查看到属于所选批次的所有项目信息，在查询条件中输入正确的查询条件，点"查询"按钮，项目列表列出符合查询条件的项目，查询条件包括项目名称、项目阶段、承担单位、总资金数范围、项目分层、是否国网总部集中安排、项目类别、技术领域、项目负责人、关键词、牵头单位，如图 7-45 所示。

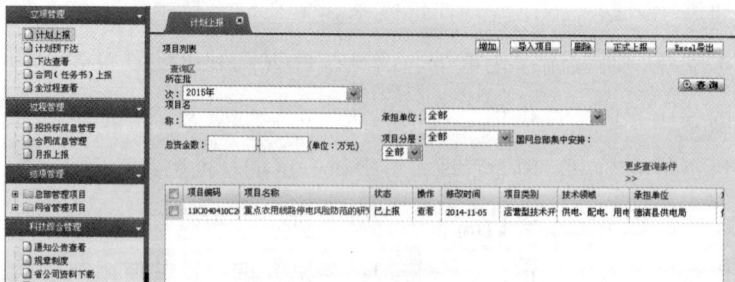

图 7-45 计划上报 1

（2）点击右上角的"增加"按钮可以进入项目申请书页面，添加要上报的项目，如图7-46所示。

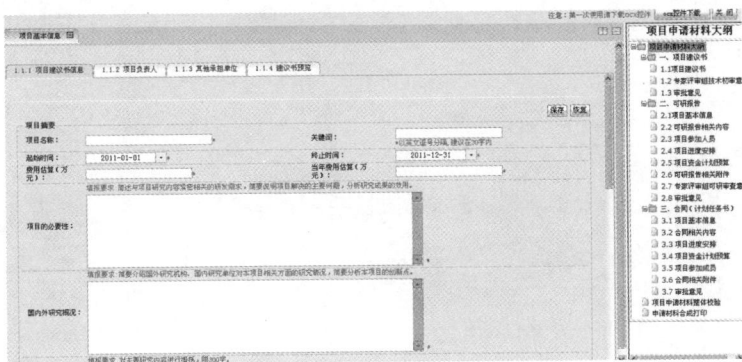

图7-46　计划上报2

（3）点击右侧项目申请书大纲中的"项目基本信息"后，可以填写项目基本信息的具体内容。首先是项目建议书标签页，注意：红色"＊"标记的选项都是必填项。点击项目负责人标签页，可以填写项目负责人的相关单位及负责人的具体内容。点击其他承担单位标签页，可以填写其他承担单位。点击建议书预览标签，可以预览已填写好的项目建议书，系统以WORD文档呈现，如图7-47所示。

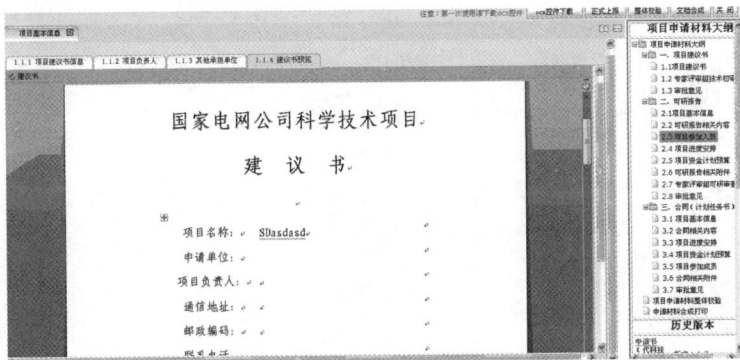

图7-47　计划上报3

点击右侧项目申请书大纲中的"项目参加人员"，可以查看、增加项目组参加人员。点击"项目进度安排"进入项目进度安排页面，注意，在进度计划中，每个进度跨度不超过3个月，且每个进度的时间不能冲突。

点击右侧项目申请书大纲中的"项目资金计划"，首先进行资金概况标签页的填写，如图 7-48 所示。

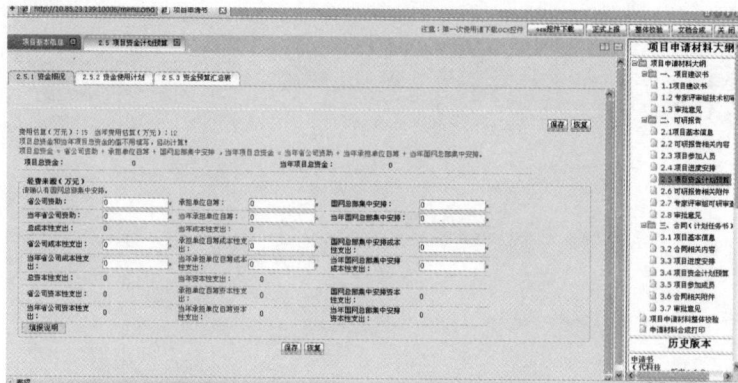

图 7-48　计划上报 4

点击"填报说明"可查看资金概况填写相关说明，如图 7-49 所示。

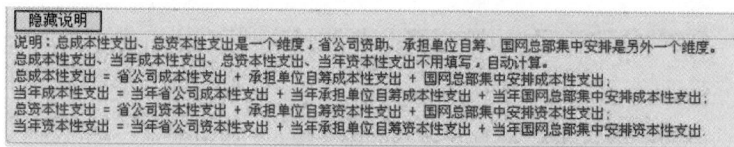

图 7-49　计划上报 5

单击"资金使用计划"标签页，可对资金使用计划进行增加、修改、删除、明细查看和初始化等操作。单击"资金预算汇总表"标签页，可进行项目各个承担单位资金预算的填写和资金预算汇总查看，如图 7-50 所示。

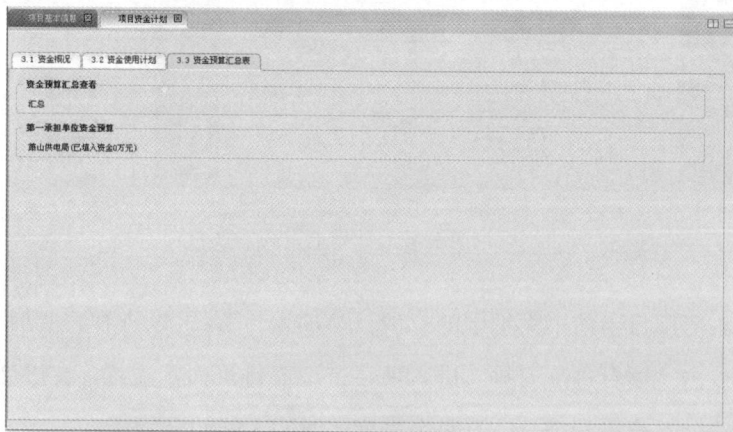

图 7-50　计划上报 6

单击某承担单位资金预算，进入该承担单位资金预算填写页面，首先需要填写“3.3.1 科技经费预算”，按照科目名称和项目资金情况填写后保存，如图 7-51 所示。

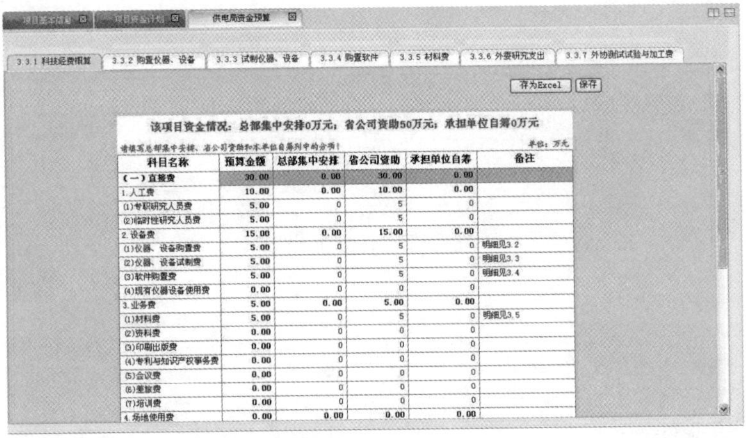

该项目资金情况：总部集中安排0万元；省公司资助50万元；承担单位自筹0万元

请填写总部集中安排、省公司资助和本单位自筹列中的分项！　单位：万元

科目名称	预算金额	总部集中安排	省公司资助	承担单位自筹	备注
（一）直接费	30.00	0.00	30.00	0.00	
1.人工费	10.00	0.00	10.00	0.00	
(1)专职研究人员费	5.00	0	5	0	
(2)临时性研究人员费	5.00	0	5	0	
2.设备费	15.00	0.00	15.00	0.00	
(1)仪器、设备购置费	5.00	0	5	0	明细见3.2
(2)仪器、设备试制费	5.00	0	5	0	明细见3.3
(3)软件购置费	5.00	0	5	0	明细见3.4
(4)现有仪器设备使用费	0.00	0	0	0	
3.业务费	5.00	0.00	5.00	0.00	
(1)材料费	5.00	0	5	0	明细见3.5
(2)资料费	0.00	0	0	0	
(3)印刷出版费	0.00	0	0	0	
(4)专利与知识产权事务费	0.00	0	0	0	
(5)会议费	0.00	0	0	0	
(6)差旅费	0.00	0	0	0	
(7)培训费	0.00	0	0	0	
4.场地使用费	0.00	0.00	0.00	0.00	

图 7-51　计划上报 7

在“科技经费预算”表中，备注标注“明细”的项还需填写明细，填写购置仪器、设备标签页，填写购置仪器、设备的具体信息和费用，可进行增加、修改、删除和明细查看的操作。单击“试制仪器、设备”标签页，填写试制仪器、设备的具体信息和费用，可进行增加、修改、删除和明细查看的操作。单击“购置软件”标签页，填写购置的具体信息和费用，可进行增加、修改、删除和明细查看的操作。单击“材料费”标签页，填写材料的具体信息和费用，可进行增加、修改、删除和明细查看的操作。单击“外委研究支出”标签页，填写外委研究支出的具体信息和费用，可进行增加、修改、删除和明细查看的操作。单击“外协测试试验与加工费”标签页，填写外协测试试验与加工的具体信息和费用，可进行增加、修改、删除和明细查看的操作。单击右侧项目申请书大纲中的“可研报告相关内容”，如图 7-52 所示。

科研报告相关信息填报项都采用大字段填写方式，例如目的和意义，单击“目的和意义”弹出目的和意义填写页面，如图 7-53 所示。

填写完成后单击右上角的“保存”，提示保存成功，项目背景前的红叉变为绿勾。

可研报告相关信息填报项目的和意义、国内外研究水平综述、项目的理论

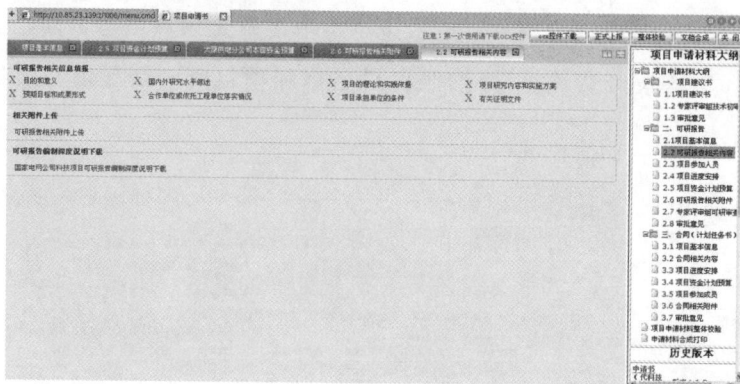

图 7-52 计划上报 8

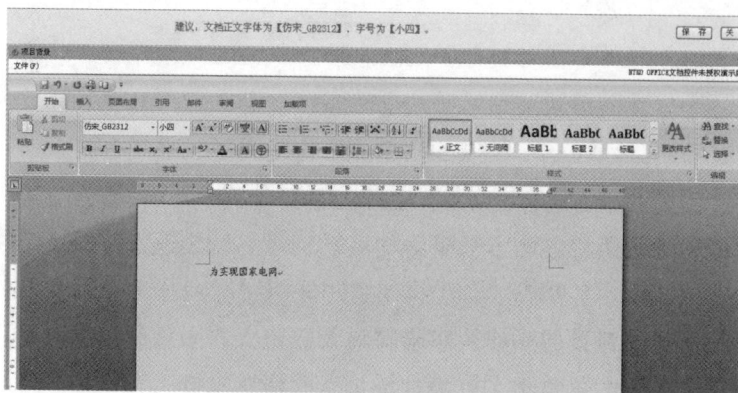

图 7-53 计划上报 9

和实践依据、项目研究内容和实施方案、预期目标和成果形式、合作单位或依托工程单位落实情况、项目承担单位的条件和有关证明文件，分别填写完成。

单击右侧项目申请书大纲中的"可研报告相关附件上传"，进行可研报告相关附件的上传。单击右侧项目申请书大纲中的"审批意见"，进行项目承担单位意见填写和证明材料上传。单击右侧项目申请书大纲中的"专家评审组技术初审意见"，查看专家评审组技术初审意见。单击右侧项目申请材料大纲中的"合同相关内容"，可以完成合同相关内容的填写，如图 7-54 所示。

单击右侧项目申请书大纲中的"合同相关附件"，可上传建议书、可研报告和合同的相关附件。

单击右侧项目申请书大纲中的"项目申请材料整体校验"，对项目申请书大

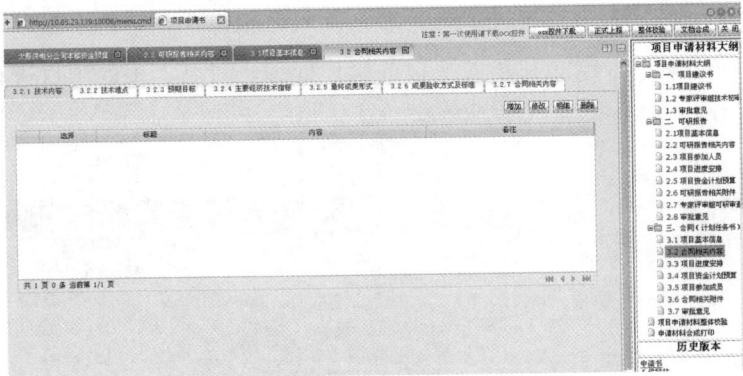

图 7-54　计划上报 10

纲填写的材料进行校验，校验通过会提示项目校验通过，校验未通过会提示相应的错误信息，如图 7-55 所示。

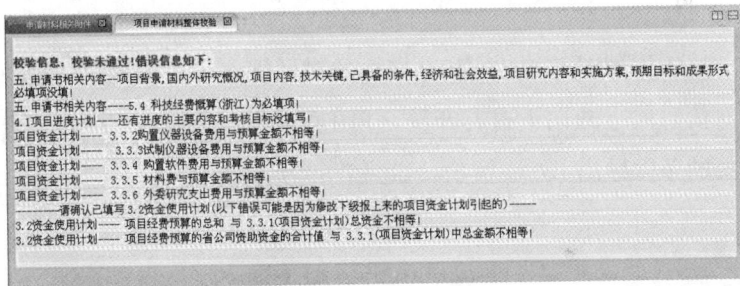

图 7-55　计划上报 11

单击右侧项目申请书大纲中的"申请材料合成打印"，在申请材料合成打印页面，可对建议书、可研报告、国网合同、任务书导出、打印和模板进行下载等操作，如图 7-56 所示。

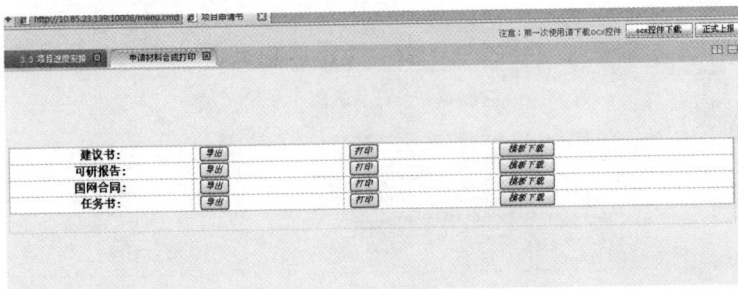

图 7-56　计划上报 12

项目申请材料大纲填写完成后，返回计划上报页面，对未上报和返回修改的项目可进行修改、删除和正式上报的操作处理，对已上报的项目进行查看操作，如图 7-57 所示。

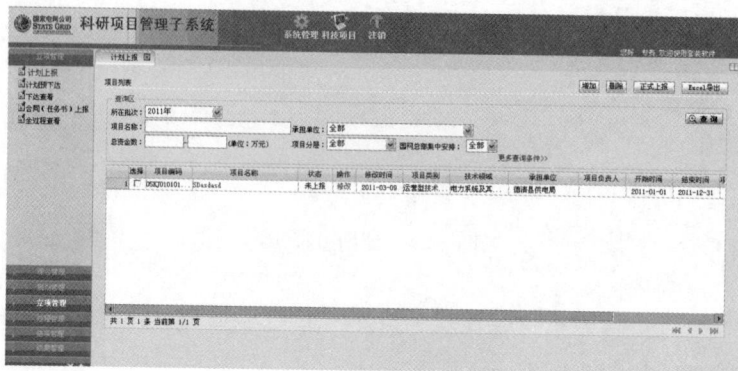

图 7-57　计划上报 13

单击"Excel 导出"，弹出 Excel 导出的对话框，可对需导出信息进行选择，然后可以对信息向上或向下进行布局，单击"确定"按钮，页面的全部数据都会按照选择的条件导出 Excel 报表，如图 7-58 所示。

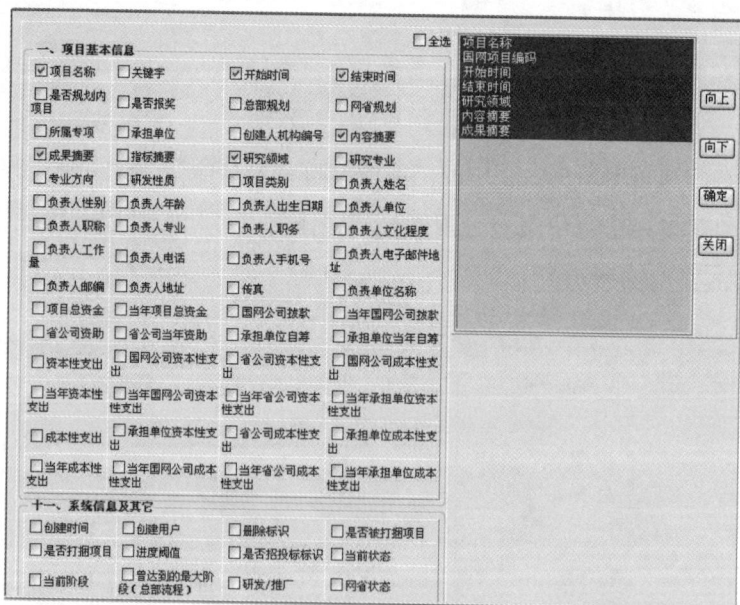

图 7-58　计划上报 14

单击项目记录的"查看"或"修改"后可对项目申请书大纲进行信息浏览，项目申请书大纲下边的历史版本，可以查看合同的内容和变更记录、可研报告的内容和变更记录、建议书的内容和变更记录、项目的详细信息变更记录。

2. 计划预下达

依次单击"立项管理"→"计划预下达"进入计划预下达页面，可对未上报或返回修改的项目记录进行修改、正式上报操作，对已上报项目记录进行查看操作。单击"所在批次"下拉框，可以查看到属于所选批次的所有项目信息，在查询条件中输入正确的查询条件，点"查询"按钮，项目列表列出符合查询条件的项目，查询条件包括项目名称、项目阶段、承担单位、总资金数范围、项目分层、是否国网总部集中安排、项目类别、技术领域、项目负责人、关键词、牵头单位，如图7-59所示。

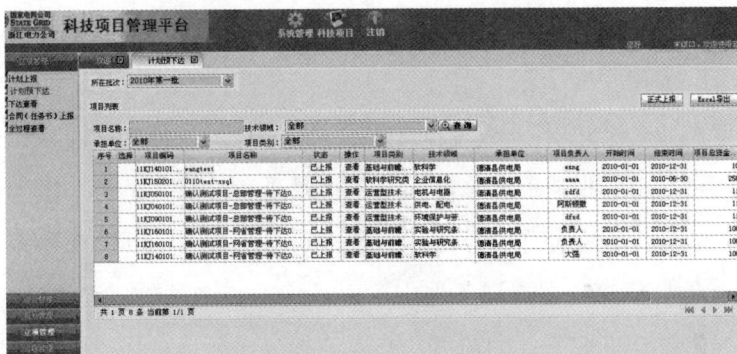

图7-59 计划预下达

单击"Excel导出"，弹出Excel导出的对话框，可对需导出信息进行选择，然后可以对信息向上或向下进行布局，单击"确定"按钮，页面的全部数据都会按照选择的条件导出Excel报表。

3. 下达查看

依次单击"立项管理"→"下达查看"进入下达查看页面，可对已下达的项目进行查看。点击"所在批次"下拉框，可以查看到属于所选批次的所有项目信息，在查询条件中输入正确的查询条件，点"查询"按钮，项目列表列出符合查询条件的项目，查询条件包括项目名称、项目阶段、承担单位、总资金数范围、项目分层、是否国网总部集中安排、项目类别、技术领域、项目负责人、关键词、牵头单位，如图7-60所示。

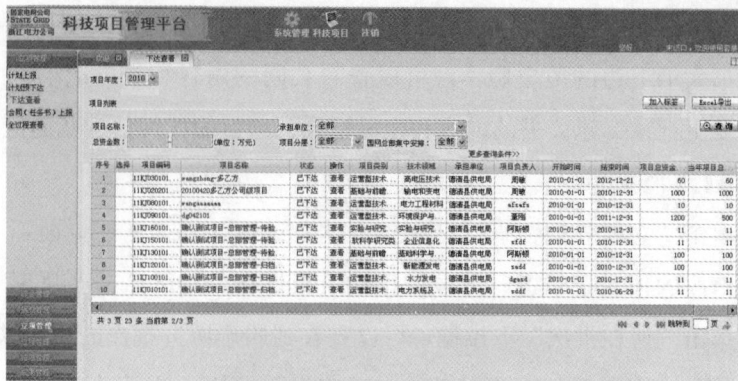

图 7-60　下达查看

单击"Excel 导出",弹出 Excel 导出的对话框,可对需导出信息进行选择,然后可以对信息向上或向下进行布局,单击"确定"按钮,页面的全部数据都会按照选择的条件导出 Excel 报表。

4. 合同(任务书)上报

依次单击"立项管理"→"合同(任务书)上报",进入合同(任务书)上报的页面,可对未上报或返回修改的项目记录进行修改、正式上报操作,对已上报项目记录进行查看操作。点击"所在批次"下拉框,可以查看到属于所选批次的所有项目信息,在查询条件中输入正确的查询条件,点"查询"按钮,项目列表列出符合查询条件的项目,查询条件包括项目名称、项目阶段、承担单位、总资金数范围、项目分层、是否国网总部集中安排、项目类别、技术领域、项目负责人、关键词、牵头单位,如图 7-61 所示。

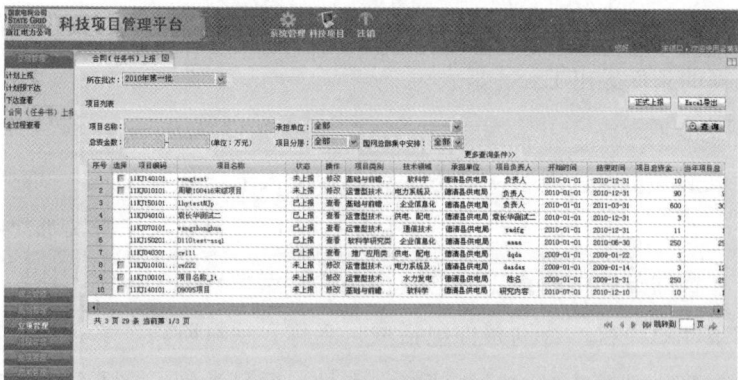

图 7-61　合同(任务书)上报 1

单击未上报项目记录的"修改"进入项目申请书大纲页面，点击右侧项目申请书大纲的"合同相关内容"，进行合同相关内容填报，如图7-62所示。

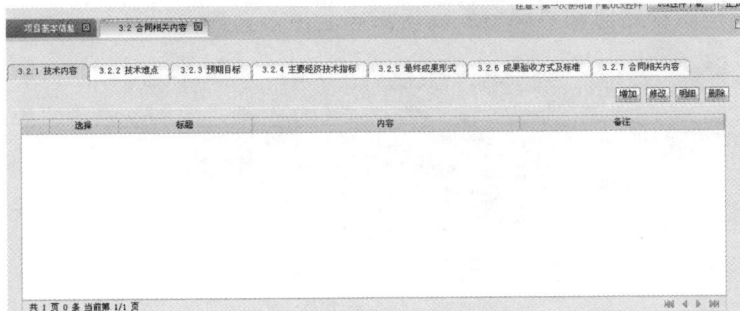

图 7-62　合同（任务书）上报 2

对技术内容可进行增加、修改、删除和查看明细的操作，单击"增加"进入技术内容填报页面，填写完成后单击"保存"，新增技术内容成功。

依次可修改合同相关内容的各标签内容。

5. 全过程查看

依次点击"立项管理"→"全过程查看"进入全过程查看的页面，在查询条件中输入正确的查询条件，点"查询"按钮，项目列表列出符合查询条件的项目，然后查看项目的基本信息，查询条件包括项目批次、项目名称、项目阶段、承担单位、总资金数范围、项目分层、是否国网总部集中安排、项目类别、技术领域、项目负责人、关键词、牵头单位。点击"查看"，可以查看项目的详细信息，如图7-63所示。

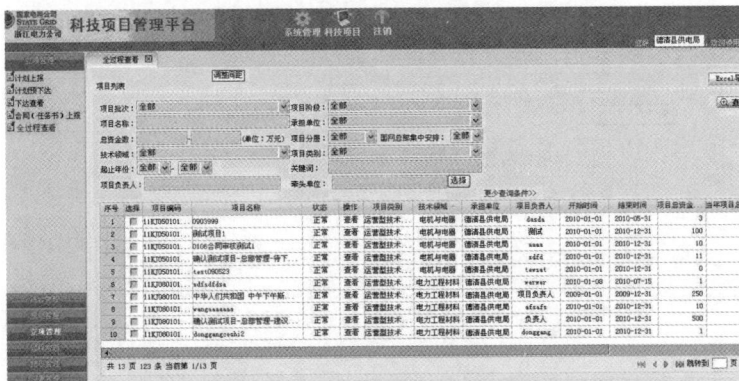

图 7-63　全过程查看

7.3.3　过程管理

科技管理平台系统填报（每季度最后一个月的 28 日前）如下。

项目报表报送在总部科技管理平台，如图 7-64～图 7-67 所示。

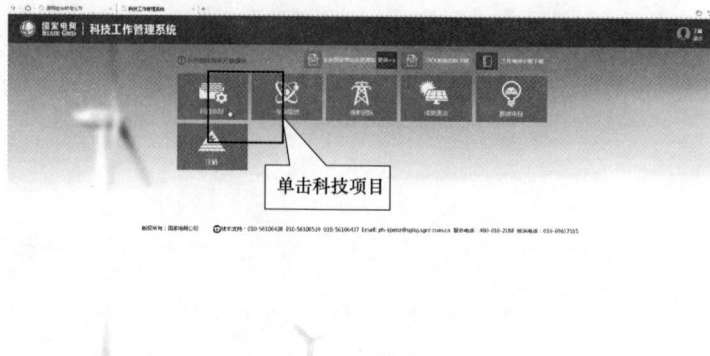

图 7-64　项目报表报送 1

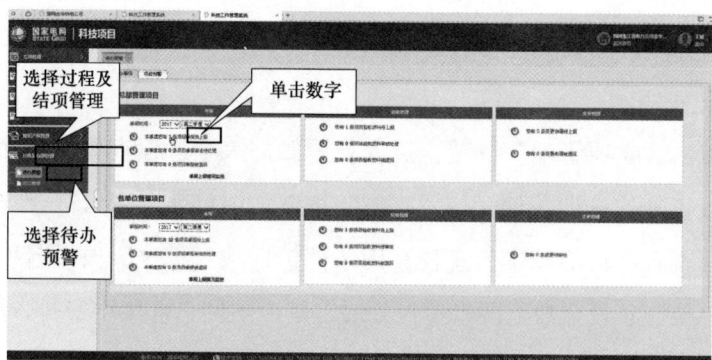

图 7-65　项目报表报送 2

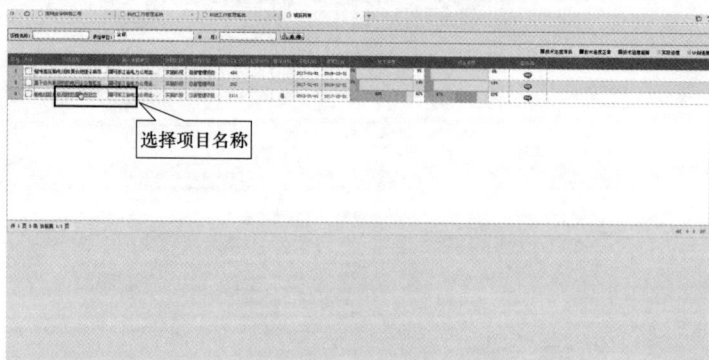

图 7-66　项目报表报送 3

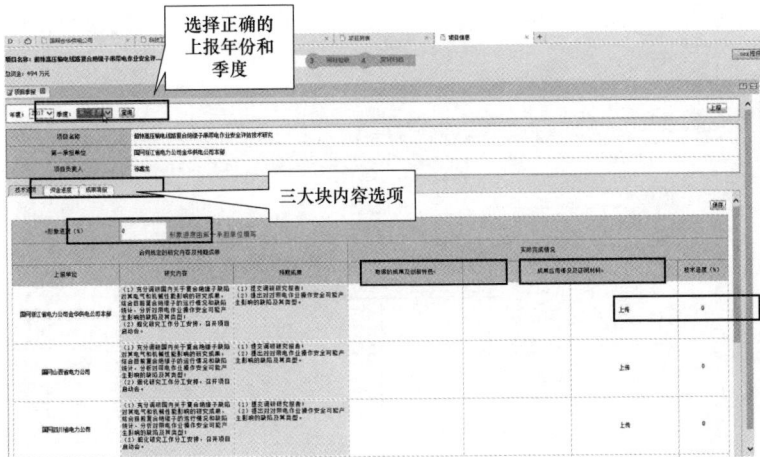

图 7-67　项目报表报送 4

主要报送内容分技术进度、资金进度、成果填报三大块内容。

1. 技术进度

形象进度（%）：与项目实施时间相对应，不要超前，也不要滞后，最终结果显示为黑色正常即可。

"取得的成果及创新特色"：填写各参与单位本季度的研究成果及创新特色。

"成果应用情况及证明材料"：填写各参与单位本季度的成果应用情况，并上传相关的附件佐证资料，如图 7-68 所示。

技术进度相关内容填写完毕后，点击"保存"按钮。

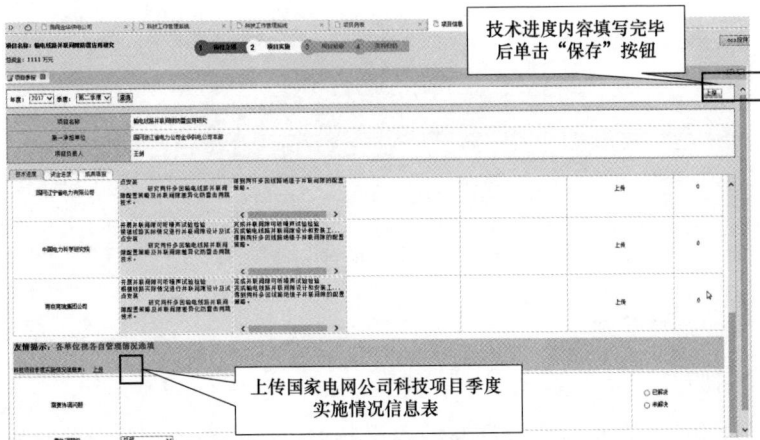

图 7-68　项目报表报送 5

2. 资金进度（见图 7-69）

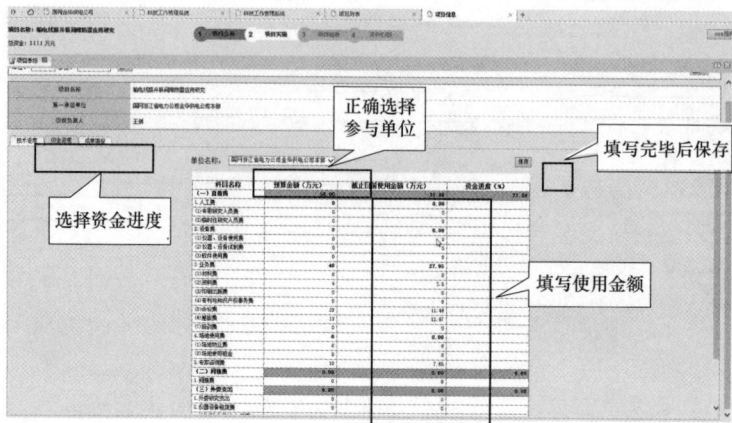

图 7-69　项目报表报送 6

资金进度中，须填写所有参单位的经费使用情况（请向其他单位要数据），单击单位名称右侧的下拉菜单选择参与单位并分别填写，填完后单击"保存"。

3. 成果填报（见图 7-70）

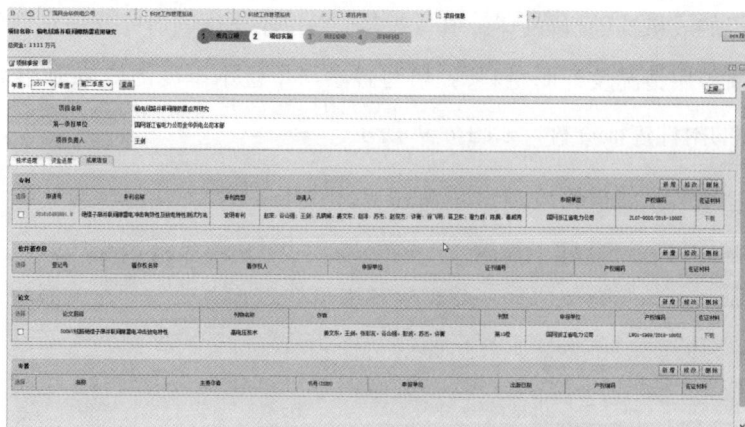

图 7-70　项目报表报送 7

7.3.4　结项管理

1. 项目验收

按照自验收专家意见修改调整验收资料后，尽早将最终版验收资料上传总部科技项目管理系统，总部要求正式验收前一个月上传。

应使用项目申报账号登录系统，单击"过程及结项管理"→"代办与预警"进入代办页面，根据代办可以查看需要处理的验收事项，如图 7-71 所示。

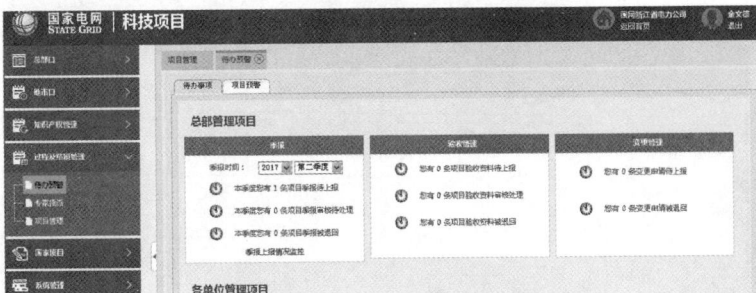

图 7-71 项目验收填报 1

单击项目名称链接进入填写验收资料页面，填写"验收资料上报"页面和"项目取得成果"页面内容，填写完成后点击"上报"按钮上报，通过"验收审查结果"页面可以查看审查结果，如图 7-72 所示。

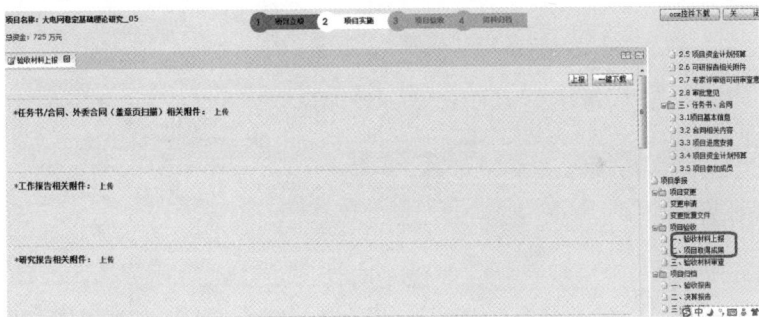

图 7-72 项目验收填报 2

2. 归档材料上报

在科技项目验收报告盖章完毕后，各牵头单位应负责将验收报告签字和盖章扫描版上传科技项目管理系统，技术资料如需修改完善的，需完善后上传，完成验收资料的电子化归档工作。

注："科技项目验收报告"是项目成果推广、项目后评估的重要依据，请各单位认真填写"项目简表""项目取得的成果及达到的技术性能指标""项目的效益分析及推广应用计划""项目验收资料清单"和"项目申请专利情况及计划安排"等验收报告要求的内容，不可漏项，如图 7-73 所示。

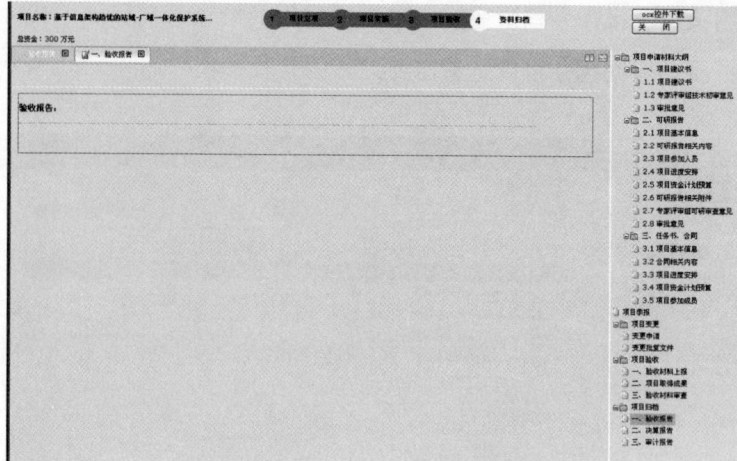

图 7-73　归档材料上报